CARA J. STEVENS

BTS

RAGAZZI A PROVA DI PROIETTILE

Traduzione di Sara Benatti

HarperCollins

ISBN 978-88-6905-431-0

Titolo originale dell'edizione in lingua inglese:
BTS: Rise of Bangtan
Harper
an Imprint of HarperCollins *Publishers*

Traduzione di Sara Benatti

Prima edizione HarperCollins
settembre 2018

Production management: Stonesong Press, LLC
Photo research: Heather Kemp
Text and research: Cara Stevens
Typography and design by studio2pt0

Photo Credits:
pp. ii: Kim Hee-Chul/EPA-EFE/Shutterstock; 2: Matt Sayles/Invision/AP Images; 3: Chelsea Lauren/Shutterstock; 4: Imaginechina via AP Images; 7: Ahn Young-Joon/AP Images; 8-9: Ahn Young-Joon/AP/Shutterstock; 11: Matt Sayles/Invision/AP Images; 15: Michael Tran/FilmMagic/Getty Images; 16: RB/Bauer-Griffin/GC Images/Getty Images; 19: Ahn Young-Joon/AP/Shutterstock; 21: Kim Hee-Chul/POOL/EPA-EFE/Shutterstock; 23: Jordan Strauss/Invision/AP Images; 25: bl Hubert Boesi/picture-alliance/dpa/AP Images; 27: tl Lee-Young-Ho/Sipa via AP Images; 31: t Sthanlee Mirador/Sipa via AP Images; 33: br Imaginechina via AP Images; 35: bl Invision/AP/Shutterstock; 38: Kim Hee-Chul/EPA-EFE/Shutterstock; 39: Jordan Strauss/Invision/AP Images; 43: Chris Polk/AMA2017/Getty Images for dcp; 45: ilgan Sports/Multi-Bits via Getty Images; 47: RB/Bauer-Griffin/GC Images/Getty Images; 48: Boontoom Sae-Kor/Shutterstock; 49: Robyn Beck/AFP/Getty Images; 50: Mark Ralston/AFP/Getty Images; 53: Boontoom Sae-Kor/Shutterstock; 57: Chelsea Lauren/Shutterstock; 61: Chris Polk/AMA2017/Getty Images for dcp; 62: Ahn Young-Joon/AP Images; 65: Jeff Kravitz/AMA2017/Film Magic for dcp; 66: Imaginechina via AP Images; 69: C. Brandon/Redferns/Getty Images; 73: Matt Sayles/Invision/AP images; 76: Imaginechina via AP Images; 85: Santiago Felipe/Getty Images; 88-89: Michael Tran/FilmMagic/Getty Images; 91, 92: Imaginechina via AP Images; 94: Lee Young-Ho/SIPA USA via AP Images.

Questo volume è stato stampato nell'agosto 2018
presso Rotolito S.p.A. - Milano

MISTO
Carta da fonti gestite in maniera responsabile
FSC® C005461
www.fsc.org

Questo libro è prodotto con carta FSC® certificata con un sistema di controllo di parte terza indipendente per garantire una gestione forestale responsabile.

INDICE

Yonhap News/YNA/Newscom

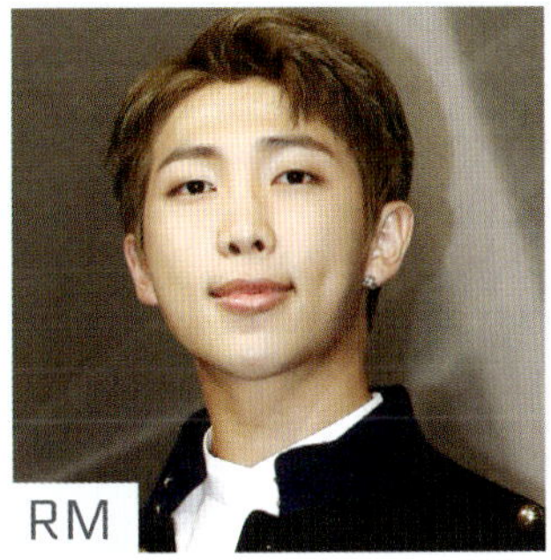

Yonhap News/YNA/Newscom

Yonhap News/YNA/Newscom

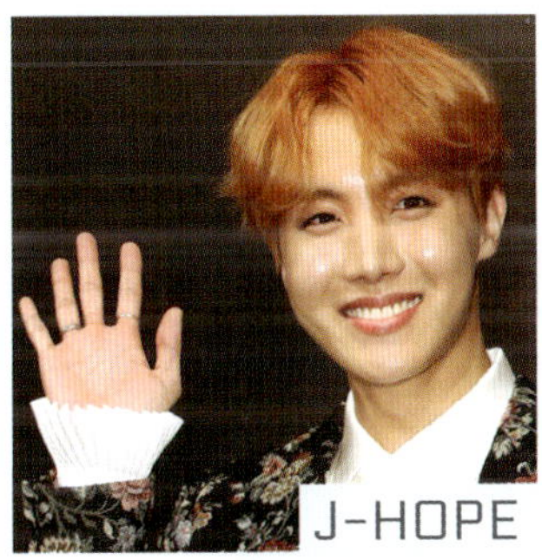

Yonhap News/YNA/Newscom

Yonhap News/YNA/Newscom

Yonhap News/YNA/Newscom

Yonhap News/YNA/Newscom

INTRODUZIONE

Con le loro canzoni orecchiabili, le movenze disinvolte e la personalità adorabile, i sette membri dei BTS, boy band K-pop con influenze hip-hop, sono diventati degli *idols*, balzando in vetta alle classifiche di tutto il mondo. Nel 2018 hanno addirittura ottenuto un posto nel Guinness dei primati come gruppo musicale con più interazioni su Twitter.

Ribelli e taglienti, romantiche e delicate, le canzoni dei BTS sono composte per il 90% dai sette componenti della band. I brani riflettono le speranze, i sogni, le paure, gli sforzi, le emozioni e le passioni dei membri del gruppo, spingendo un'intera generazione di fan di tutto il globo ad arruolarsi nel loro *esercito*, la BTS Army.

I BTS debuttarono nel 2013, sfondando con il singolo *No More Dream*.
La loro musica mescola lo stile occidentale a quello coreano e include importanti collaborazioni con rapper e star della EDM (electronic dance music) come Steve Aoki, The Chainsmokers e Supreme Boi.

I BTS VENGONO CHIAMATI IN MOLTI MODI:

Bangtan Boys
Beyond the Scene
Bulletproof Boy Scouts
Bangtan Sonyeondan (방탄소년단) in coreano
Bōdan Shōnendan (防弾少年団) in giapponese

Chi sono i BTS?

- *Jin: vocalist, visual,* hyung
- *RM: rapper, produttore, leader*
- *Suga: rapper, produttore, papà del gruppo*
- *J-Hope: rapper, ballerino,* aegyo
- *Jimin: ballerino, vocalist, addominali di cioccolato*
- *V: vocalist, visual, 4D*
- *Jungkook: ballerino, vocalist,* maknae

L'energia disinvolta e giocosa che mostrano i ragazzi giù dal palco spesso è un motivo di sorpresa per i nuovi fan, che hanno iniziato a conoscerli grazie ai loro testi emotivi e schietti e al loro stile di ballo molto serrato.

WE ARE BULLETPROOF

BOY SCOUT A PROVA DI PROIETTILE: L'ORIGINE DEL NOME

Prima di scegliere BTS, il gruppo esaminò altri possibili nomi, come Big Kids (perché la loro etichetta discografica è la Big Hit) e Young Nation. La traduzione di Bangtan è a prova di proiettile, simbolo del loro obiettivo: tenere lontane le pallottole sparate dal mondo, rimanere a testa alta e combattere per ciò in cui credono, indipendentemente dalle critiche. Sonyeondan significa gruppo di ragazzi o boy scout.

«*Bangtan* vuol dire proteggere da qualcosa. Perciò [il nostro nome] sta a significare che difenderemo con coraggio la nostra musica e il nostro valore.»

— J-Hope

Dall'epoca del debutto, la sigla BTS ha subito un'evoluzione e i ragazzi ne hanno allargato il significato a Beyond the Scene, *oltre la* scena, *alludendo al legame con la loro cerchia di fan, l'ARMY.*

IL LOGO

Il logo della band con la porta aperta rappresenta i giovani insoddisfatti della propria condizione, che desiderano spalancare nuove porte per proseguire il loro percorso di crescita.

ARMY

È la sigla di Adorable Representative MC for Youth (adorabili rappresentanti portavoce dei giovani) e descrive l'esercito dei fan che diffondono la musica dei BTS e il loro messaggio d'amore, accettazione e divertimento.

CRONOLOGIA

2010-11 La Big Hit Entertainment tiene delle audizioni per selezionare i membri del gruppo

17 dicembre **2012** Viene lanciato l'account Twitter dei BTS

9 giugno **2013** Viene annunciata la formazione ufficiale della band

11 giugno **2013** Esce il videoclip di No More Dream

12 giugno **2013** Esce il primo disco, 2 Cool 4 Skool

2 settembre **2013** Debutta il varietà Rookie King dei BTS

1° gennaio **2014** Premio Esordienti dell'anno ai Golden Disc Awards

12 febbraio **2014** Esce Boy In Luv; lo stesso giorno balza al terzo posto della classifica Billboard World Albums

29 marzo **2014** I BTS si esibiscono di fronte a tremila fan nel primo Muster Concert (concerto raduno) del Global Official Fanclub ARMY, a Seoul, Corea del Sud

24 aprile **2014** I BTS debuttano sul mercato giapponese con Wake Up

1-14 luglio **2014** Apparizione nel loro primo show televisivo, ambientato a Los Angeles: American Hustle Life

9 settembre **2014** Lancio della serie di cartoni animati sul web Hip Hop Monster

23 gennaio **2015** Premio Artisti emergenti dell'anno ai Seoul Music Awards

10-19 febbraio **2015** Primo tour in Giappone, Wake Up: Open Your Eyes

26 ottobre **2015** I BTS diventano brand ambassadors della Puma

2 dicembre **2015** Vincono il premio Best World Performer agli Mnet Asian Music Awards

17 febbraio **2016** Vincono il premio World K-pop Star ai K-Pop Awards di Gaon Chart

IN PILLOLE:

Nel 2017 *DNA* è stato il primo videoclip di una band K-pop a raggiungere i duecento milioni di visualizzazioni su YouTube.

2016 Wings raggiunge il ventiseiesimo posto nella Billboard 200: fino al 2018 sarà il primo album K-pop a raggiungere la posizione più alta

9 ottobre 2016 Blood Sweat & Tears conquista un all-kill (è in cima a tutte le otto classifiche coreane: Melon, Mnet, Bugs, Olleh, Soribada, Genie, Naver e Monkey3)

19 novembre 2016 Vincono il Daesang ai Melon Music Awards per il miglior disco dell'anno

21 maggio 2017 Vincono il premio Top Social Artist ai Billboard Music Award, scalzando dal trono Justin Bieber, che lo aveva conquistato per sei anni di fila

1° novembre 2017 Diventano partner dell'UNICEF sponsorizzando il progetto #ENDviolence e lanciano il sito Internet Love Myself

31 luglio 2017 Vincono il premio per i migliori artisti nella quarantaquattresima edizione dei Korean Broadcasting Awards

5 settembre 2017 Raggiungono gli otto milioni di follower su Twitter

16 settembre 2017 Il loro canale V Live arriva a sei milioni di follower

18 settembre 2017 DNA diventa il primo singolo di un gruppo K-pop a entrare nella top ten americana di iTunes (al quarto posto)

18 settembre 2017 Nelle prime ventiquattr'ore online, il clip di DNA diventa l'undicesimo video più visto di tutti i tempi

22 settembre 2017 Scalano le classifiche europee (in Svezia, Irlanda, Italia e Germania, oltre che nel Regno Unito)

防彈
防彈
防彈
#99

防彈
防彈
防彈
BRAT

25 settembre **2017** I BTS sono la prima formazione K-pop a entrare nella Hot 100 di Billboard (con DNA, che raggiunge l'ottantacinquesimo posto)

26 settembre **2017** Love Yourself: Her conquista il primo posto della classifica Billboard World Albums

12 novembre **2017** I BTS sono i primi artisti coreani a raggiungere i dieci milioni di follower su Twitter, arrivando a undici milioni il mese successivo

19 novembre **2017** Diventano il primo gruppo K-pop a esibirsi agli American Music Awards

2 dicembre **2017** La band conquista quattro premi e Suga riceve l'Hot Trend Award ai Melon Music Awards

11 gennaio **2018** Love Yourself: Her si aggiudica i Bonsang e Daesang Golden Disc Awards, nonché il Digital Bonsang con il brano Spring Day

DIFFERENZA TRA BONSANG E DAESANG

Il Bonsang è un premio assegnato a dieci o dodici artisti diversi, mentre il Daesang (gran premio) ha un unico vincitore.

14 febbraio **2018** Ai Gaon Chart Awards, You Never Walk Alone vince il premio Album of the Year per il primo trimestre, mentre Love Yourself: Her lo vince per il terzo trimestre

25 febbraio **2018** I BTS ricevono i premi Bonsang e Daesang ai Seoul Music Awards

28 febbraio **2018** Vengono insigniti del riconoscimento Musician of the Year ai Korean Music Awards

9 marzo **2018** Agli iF Design Awards vincono un premio non legato alla musica: quello per la Brand Identity

11 marzo **2018** La BTS ARMY lavora senza sosta per garantire che i BTS vincano il premio Miglior Fan Army agli iHeartRadio Music Awards. I BTS si aggiudicano anche il premio come Miglior Boy Band

IN PILLOLE:

***Love Yourself: Her* ha venduto più di un milione e duecentomila copie in tutto il mondo in meno di un mese.**

IN PILLOLE:

Invitati alle Olimpiadi invernali del 2018 a Seoul, in Corea del Sud, i BTS non hanno potuto partecipare a causa di impegni concomitanti ma il BTS ARMY è letteralmente impazzito quando *DNA* è stata suonata nel corso della cerimonia d'apertura.

24 marzo **2018** *I giovani americani votano i BTS come Favorite Global Music Star ai Nickelodeon USA Kids' Choice Awards*

16 aprile **2018** *I BTS raggiungono una nuova vetta conquistando il record di sei premi Soompi come Artisti dell'anno, Disco dell'anno, Canzone dell'anno, Miglior coreografia (per* DNA*), Fuse Music Video dell'anno (di nuovo per* DNA*) e Miglior collaborazione. Inoltre V vince il premio Best Idol Actor*

27 aprile **2018** *Ricevono il premio per Risultati eccezionali in campo musicale e il premio Hall of Stars, oltre a quello per il Miglior fandom mondiale agli Asian Awards*

29 aprile **2018** *Vengono nominati* brand ambassadors *di Coca-Cola ai mondiali di calcio in Russia del 2018*

18 maggio **2018** *Esce* Love Yourself: Tear

2 giugno **2018** Love Yourself: Tear *diventa il primo album K-pop a esordire in prima posizione nella classifica degli album Top 200 di Billboard*

PRIMA DEL SUCCESSO

Bang Si-hyuk: l'uomo alle spalle dei BTS

Bang Si-hyuk, conosciuto anche come Hitman Bang, è l'ideatore e produttore dei BTS, oltre che fondatore e amministratore delegato della Big Hit Entertainment.
Il suo progetto era quello di dare vita a un nuovo genere di gruppo K-pop, concentrato sulla sostanza e non soltanto sullo stile.

Il mondo del K-pop è noto per la sua *produzione in serie* di artisti sempre nuovi, talenti grezzi che vengono plasmati con un rigido addestramento, massicci interventi di chirurgia plastica e una completa ricostruzione dell'immagine. Questi idoli vanno e vengono come le meteore del *bubblegum pop* statunitense negli anni Ottanta, astri che sfolgorano per un breve istante prima di consumarsi e svanire nell'oscurità.

Ma Bang aveva in mente qualcosa di molto diverso quando decise di formare i BTS.
Il suo progetto per i *boy scout a prova di proiettile* era quello di partire dal talento naturale dei suoi membri e fare leva sul loro fuoco interiore, sulla loro determinazione e personalità, per creare un gruppo di veri e propri *idols*.

Yonhap News/YNA/Newscom

Hitman Bang

Ben prima che i Bangtan Sonyeondan apparissero sulle scene, Bang Si-hyuk aveva già riscosso molto successo nell'ambiente musicale sudcoreano come autore di testi, compositore e produttore discografico. Fin dall'inizio della sua carriera aveva instaurato una solida collaborazione con Park Jin-young, fondatore della JYP Entertainment: lui componeva e arrangiava le musiche e Jin-young scriveva i testi.

Bang si guadagnò il soprannome di *Hitman* negli anni Novanta, quando insieme al suo socio firmò una lunga serie di successi. Nel 2005 si mise in proprio e fondò la Big Hit Entertainment, una casa discografica particolarmente attenta a lasciar emergere lo stile e la personalità degli artisti, in contrasto con la macchina sfornasuccessi del K-pop che privilegiava un'immagine perfetta a un'identità sincera. Bang selezionò con cura i membri dei BTS, scegliendoli per la loro motivazione oltre che per il talento.

La prima incarnazione della band fu un duo rap di cui faceva parte anche RM (allora chiamato RapMon) e che nel tempo si sarebbe evoluta diventando un gruppo *idol* di sette persone, evoluzione a causa della quale alcuni degli apprendisti abbandonarono la nave. Durante il percorso si verificarono alcuni cambiamenti nella *line-up*, ma la formazione definitiva rappresentava la perfetta miscela di talento, grinta, spirito, personalità e *bellezza mondiale*.

FARE IL TIFO PER GLI SFAVORITI

La Big Hit Entertainment era un pesce piccolo in confronto agli squali che dominavano i principali media coreani. Ciò significava che non c'erano grandi sponsor o macchine promozionali a disposizione per spingere i boy scout a prova di proiettile *sulla scena. Spettava dunque a questa compagnia piccola, ma con un grande cuore, assicurare il massimo sostegno ai suoi apprendisti lungo il cammino per diventare* idols.

I fan più accaniti delle coreografie accurate dei BTS e dei loro modi disinvolti ed educati di fronte alle telecamere potrebbero sorprendersi scoprendo che i loro esordi non sono stati particolarmente semplici né professionali.

Nei primi tempi il gruppo ricevette aspre critiche. I detrattori ritenevano che questi ragazzi rappresentassero una forma annacquata della cultura rap e hip-hop statunitense, e che non conoscessero davvero ciò a cui stavano rendendo omaggio. E in un certo senso avevano ragione. Nonostante vivessero immersi nella musica e nel ballo, molti membri dei BTS non erano mai saliti su un aereo e non avevano mai messo piede fuori dal loro paese, e men che meno avevano toccato con mano l'autentica realtà americana. Non solo, ma Suga e RM furono criticati anche dall'ambiente rap underground dal quale provenivano. I loro ex colleghi li accusarono di essersi svenduti: un duro colpo per questi adolescenti, proprio nel momento in cui iniziavano a trovare il loro posto nel mondo della musica.

«I ragazzi erano appena arrivati dalla campagna. Non mi aspettavo diventassero celebri su scala planetaria.»
— Bang Si-hyuk, parlando dei BTS e del futuro del K-pop

Ma Hitman Bang non intendeva permettere a simili critiche di affossarli, così fece fare armi e bagagli ai BTS e li spedì a Los Angeles, in California, per vivere sulla loro pelle la vera cultura musicale e di strada degli Stati Uniti. Con personaggi iconici del ballo, del rap e della musica statunitense a far loro da mentori, i ragazzi seguirono un corso intensivo di cultura. Questa esperienza di due settimane divenne un reality show di successo, American Hustle Life, *talmente popolare che i fan impazienti si scambiavano messaggi ipotizzando che cosa sarebbe successo dopo, ansiosi di seguire gli episodi settimanali di una serie iniziata con sincera meraviglia e occhi sgranati per concludersi poi con un senso di sicurezza ritrovata.*

Da quel momento il gruppo salì ai vertici del successo, con una rapidità che sorprese perfino Hitman Bang.

COME RM ARRIVÒ AI BTS

Uno degli aspetti migliori del gruppo è la sintonia che tutti i membri dimostrano in ogni aspetto della loro vita pubblica: le mosse di danza, il canto, il rap, ma anche la loro personalità lontano dagli schermi. Come un meccanismo ben congegnato, ogni componente offre un contributo unico all'insieme, senza che ci sia alcuno scontro o lotta di potere.

«Nel 2010 mi fu presentato Mr Bang [Bang Si-hyuk], il nostro produttore esecutivo [nonché amministratore delegato della Big Hit Entertainment]. Ero un rapper underground e avevo solo sedici anni, ero al primo anno di liceo. Bang pensava che avessi del potenziale come rapper e compositore di testi, e quello fu il punto di partenza. Poi Suga si unì a noi. J-Hope era un ballerino molto popolare nella sua città. Siamo stati i primi tre! Abbiamo esordito in sette nel giugno del 2013. A unirci è stato il sogno di scrivere, ballare e produrre musica che rispecchiasse la nostra formazione musicale oltre che i nostri valori: accettazione, vulnerabilità e desiderio di realizzare i nostri obiettivi. Negli ultimi quattro anni, noi sette ci siamo spinti a vicenda a dare il meglio. Questa esperienza ci ha legato, ci ha resi fratelli.»

— RM, da un'intervista per la rivista *Time*, giugno 2017

VITA K-POP

Il mondo delle celebrità del K-pop è diverso da ogni altro. Sono le agenzie a formare i gruppi organizzando audizioni o scoprendo nuovi artisti sulla strada. A quel punto, i componenti selezionati diventano *apprendisti*. Non tutti superano l'addestramento e spesso sono necessari molti avvicendamenti prima che l'agenzia trovi la perfetta combinazione di musicisti e personalità in grado di lavorare bene insieme. Il periodo di formazione delle star del K-pop può durare anche più di due anni, e alcune di loro non sanno di aver superato la selezione fino al momento del debutto. Durante l'addestramento, viene loro insegnato come comportarsi da superstar in ogni momento davanti alle telecamere. Gli apprendisti ricevono un completo sostegno economico dall'agenzia. Vivono insieme in un dormitorio e spesso lavorano anche quattordici ore al giorno, perfezionando i vari aspetti della propria immagine pubblica oltre che le capacità artistiche. Gli apprendisti BTS venivano raggruppati in formazioni sempre diverse e, una volta al mese, venivano valutati per i loro progressi e le loro performance e aiutati a potenziare gli aspetti che richiedevano un miglioramento.

Dopo il grande esordio, per gli *idols* arriva il momento di ripagare l'investimento dell'agenzia lavorando ancor più sodo, partecipando a programmi radiofonici e televisivi, esibendosi sul palcoscenico o in eventi promozionali sponsorizzati, e pubblicando album e videoclip a catena. I BTS si spingono ancor più in là della maggior parte degli *idols* e raccontano sui social la loro vita lontano dal palco. I Bangtan Boys non stanno mai senza una telecamera nei paraggi e documentano le loro spiritosaggini in *selca** e buffi video amatoriali da condividere online.

* *selca* = selfie nel K-pop

BTS: prima della ribalta

Ci sono voluti tre anni perché da una mutevole cerchia di apprendisti si formasse quel gruppo coeso che esplose sulle scene nel 2013. Ecco come si è sviluppata la band.

2010 La Big Hit scopre RM (con il nome di Runch Randa) e Hun-cheol (Iron), all'epoca componenti del gruppo hip-hop DaeNamHyup. Il duo diventa il nucleo originario dei BTS.

2010 In seguito alle audizioni si aggiungono i11evn, Suga e J-Hope.

2011 i11evn lascia il gruppo.

2011 Kidoh si unisce ai BTS.

2011 Jungkook viene scritturato dopo che il video di un suo provino fallimentare per lo show Superstar K2 ha fatto il giro delle compagnie di produzione.

2011 Più o meno nello stesso periodo, anche V si unisce ai BTS, ma il suo ingresso sarà annunciato ufficialmente solo all'esordio del gruppo, nel 2013.

2013 Jin viene ingaggiato mentre sta studiando per diventare un attore, mentre Jimin si unisce al gruppo attraverso un'audizione.

2013 Iron e Supreme Boi abbandonano i BTS.

RETROSCENA

- Jin fu scoperto mentre passeggiava per strada.
- Durante il periodo da apprendista, Suga arrivò a un passo dal mollare tutto.
- L'apprendistato di V e RM durò tre anni.
- Il periodo di addestramento di Jimin fu quello più breve.
- Supreme Boi iniziò a lavorare con il gruppo, in seguito lasciò l'addestramento ma oggi lavora con i BTS in qualità di produttore.
- L'ultimo componente a unirsi al gruppo fu Jin.
- Durante l'addestramento, Jimin, J-Hope e Jungkook furono costretti a frequentare lezioni di danza supplementari.

Yonhap News/YNA/Newscom

Chi si accosta per la prima volta alla band spesso fatica a distinguere un componente dall'altro. Negli Stati Uniti, il web è impazzito quando i fan hanno visto per la prima volta sugli schermi nazionali gli splendidi volti di J-Hope e Jin. Non conoscendo i loro nomi, è stato diffuso sui social un appello con le loro descrizioni... che sono poi diventate dei nuovi soprannomi!

- «Quello con i capelli rossi e la giacca dorata» (J-Hope, dopo la sua apparizione alla Dick Clark's New Year's Rockin' Eve)
- «Il terzo da sinistra» (Jin, dopo la sua apparizione ai Billboard Music Awards del 2017)

I BTS stanno insieme ventiquattr'ore su ventiquattro, sette giorni su sette, che siano in tour, alle prove, in studio di registrazione o in dormitorio a riposarsi. Tra loro si è sviluppata un'amicizia sincera, com'è evidente dalla loro intesa quando sono in pubblico. Hanno anche inventato molti soprannomi gli uni per gli altri!

- Suga chiama Jungkook Jeon Jungkookie e RM Joonie.
- Tutti chiamano RM Pa-gwe-e shin, che significa dio della distruzione.
- Tra i membri del gruppo, V è noto come tae-tae o buin, che significa moglie.
- Jimin è noto come Jiminnie, ma RM lo ha anche soprannominato Mo-jji Sek-shi o Sexy Mochi, perché ha le guance paffute – come morbidi tortini di riso – ma è pur sempre un sexy idol!

COMEBACK

Reinventarsi sempre

La parabola dei BTS è incentrata sui *comebacks*, ovvero le serie di album. Ciascuna serie mostra un aspetto diverso del gruppo: prima studenti, poi ragazzi ribelli e schietti e infine giovani uomini pieni di sentimento che esplorano il loro lato spirituale. Molti fan preferiscono nettamente una di queste *epoche*, ma i veri membri dell'ARMY considerano ogni uscita discografica come una nuova opportunità per esplorare un lato diverso di questo gruppo così sfaccettato e dal talento straordinario.

Cronologia: le fasi dei BTS

- *I BTS sono comparsi sulle scene con la* trilogia scolastica: 2 Cool 4 Skool, O!RUL8,2? *e* Skool Luv Affair.
- *Quindi sono entrati nella fase* Dark & Wild *con le hit* Danger *e* War of Hormone.
- The Most Beautiful Moment in Life, Part 1 *e* Part 2, *e* Young Forever *hanno portato alla band un riconoscimento internazionale e hanno dato inizio alla loro serie di videoclip di stampo cinematografico.*
- Wings *è valso ai BTS la prima hit in vetta alla classifica coreana e un premio come artisti dell'anno agli Mnet Asian Music Awards del 2016. I video approfondivano domande esistenziali e la ricerca di una verità spirituale.*
- You Never Walk Alone *è una riedizione di* Wings, *ma ha comunque venduto settecentomila copie.*
- Love Yourself: Her *ha proiettato il gruppo nell'Olimpo internazionale grazie a* DNA *e* Mic Drop.
- Love Yourself: Tear, *seguito di* Love Yourself: Her *uscito nel maggio del 2018, ha esordito al primo posto nella classifica di* Billboard, *primo album K-pop della storia a riuscirci.*

I BTS sono stati il primo gruppo a totalizzare trecento milioni di visualizzazioni con tre videoclip: DNA, Fire e Dope.

Il remix di Mic Drop realizzato da Steve Aoki, con la partecipazione di Desiigner, è una delle due canzoni dei BTS ad aver ottenuto il disco d'oro negli Stati Uniti.

INCONTRA I MEMBRI DEI BTS!

«Sono Jin, bello mondiale.»

JIN

NOME COMPLETO: Kim Seok-jin 김석진

VOCALIST / VISUAL

DATA DI NASCITA: 4 dicembre 1992
ALTEZZA: 1,79
NATO A: Gwacheon, Gyeonggi-do, Corea del Sud
PARLA: Coreano, inglese, giapponese, un po' di cinese mandarino
STUDI: Università di Konkuk, laureato in arte e recitazione
NEI BTS DAL: 2011

Membro più anziano del gruppo, Jin si è autoproclamato «fratello maggiore» o *hyung* della band e, scherzando, afferma di essere stato «incaricato di avere un viso straordinariamente bello».

Jin ha imparato a cucinare quando è entrato nel gruppo ed è stato sottoposto a una dieta ferrea. È un grandissimo buongustaio e ama cucinare, parlare di cibo, raccontare aneddoti sul cibo... e ovviamente mangiare! È noto per essere un gran burlone, e anche se le sue battute non sono divertenti, quando ride delle sue stesse spiritosaggini è contagioso!

Anche se Jin è lo *hyung* del gruppo, a casa ha un fratello maggiore. Nel dormitorio, tuttavia, Jin si comporta davvero da adulto. Si sveglia presto e si occupa della cucina e delle pulizie di casa.

EAT JIN!

A settembre del 2014, nella serie *Bangtan Bomb* è comparso un video in cui Jin mangiava un'insalata, un video che ha lanciato la sua produzione di *mukbang per la serie *Eat Jin*. Nell'arco di circa trenta video si vede Jin mangiare in una caffetteria, in una stanza d'albergo, in cucina con i suoi amici e mentre parla con un manager non inquadrato. Consuma una quantità di cibi diversi e a volte addirittura si fa riprendere mentre è all'opera dietro i fornelli. La playlist *Eat Jin* si può ascoltare sul canale YouTube BangtanTV; diversi video *mukbang* extra si trovano inoltre su V Live.**

* Video in cui un *idol* gusta una gran quantità di cibo davanti alla telecamera mentre parla al suo pubblico.

JIN E I SUOI ADORABILI AMICI PELOSI

Jin aveva un cucciolo di nome Jjangu, che non c'è più. Ha adottato due piccoli, adorabili petauri dello zucchero, che naturalmente ha chiamato come i suoi cibi preferiti: due tipi diversi di tortini di pesce!

I petauri dello zucchero sono animaletti esotici delle dimensioni di piccoli criceti. Sono molto socievoli e hanno bisogno di molte attenzioni, che Jin è felice di concedere loro quotidianamente, anche dopo una lunga giornata di prove. Anche se sono cinque i membri del gruppo a possedere animali domestici, solo quelli di Jin e V vivono nel dormitorio con i ragazzi.

Yonhap News/YNA/Newscom

Yonhap News/YNA/Newscom

IN PILLOLE:

- Quando è stato scoperto, per strada, e invitato a fare un provino per il gruppo, Jin stava studiando al college.
- Jin e Jimin vanno nella stessa palestra e spesso si allenano insieme. Nella casa, però, Jin ha scelto Suga come suo compagno di stanza.
- La sua ragazza ideale è dolce, dedita alla casa, una perfetta mogliettina.

«Per lo più la nostra musica parla di come percepiamo il mondo e del nostro sforzo per rimanere persone normali.»

RM

NOME COMPLETO: Kim Nam-joon 김남준
(conosciuto anche come Rap Monster, Runch Randa, RapMon, Namjoon)

LEADER / RAPPER / PRODUTTORE

DATA DI NASCITA: 12 settembre 1994
ALTEZZA: 1,81
NATO A: Ilsan, Goyang, Corea del Sud
PARLA: Coreano, inglese, giapponese
STUDI: Global Cyber University, con corsi avanzati in comunicazione di massa e arti dello spettacolo; ha studiato in Nuova Zelanda
CARRIERA PRECEDENTE: Ha sfondato nel 2008 come Runch Randa
NEI BTS DAL: 2010; è stato il primo membro del gruppo

RUNCH RANDA

RAPMON

RM è il leader del gruppo, nonché il membro che parla di più durante le interviste in inglese. RM si è appassionato al rap da piccolo ed è cresciuto guardando i videoclip dei rapper americani. Ha iniziato la sua carriera nell'underground e ha lavorato con artisti di spicco, dopodiché è stato il primo a essere selezionato per far parte dei BTS.

RM è un tipo tosto e nervoso, ma non è spaventoso come il nome *Monster* sembrerebbe indicare. Lontano dal palco, RM è scherzoso e capace di pensieri profondi. È la voce del gruppo quando si parla in inglese, dato che sa esprimersi in questa lingua con solo un pizzico di accento e conosce tutto lo slang.

RM è un maestro del rap, ma non era altrettanto talentuoso quando si trattava di muovere mani e piedi. Quand'era un apprendista, i suoi insegnanti di danza lo soprannominarono ironicamente *ballerino prodigio* perché non riusciva ad azzeccare neanche una mossa. I compagni di band di Namjoon raccontano che rompe sempre qualcosa, sia a casa sia quando sono in viaggio, insomma più o meno dovunque, ma la sua mente brillante e il suo carattere premuroso lo rendono un'ottima compagnia.

RAP MONSTER

NAMJOON

Yonhap News/YNA/Newscom

Yonhap News/YNA/Newscom

Yonhap News/YNA/Newscom

Yonhap News/YNA/Newscom

Yonhap News/YNA/Newscom

IN PILLOLE:

- RM ha imparato l'inglese da solo guardando la serie televisiva *Friends*.
- Il suo cane si chiama Rapmon.
- La sua compagna ideale è una donna sexy, femminile, con cui fare lunghe conversazioni.

«Dopo il nostro debutto, sono tornato al dormitorio e mi sono seduto a fissare il vuoto. Non riuscivo a credere che un ragazzo proveniente da una famiglia povera di Daegu fosse riuscito a farcela.»

SUGA

NOME COMPLETO: Min Yoon-gi 민윤기

RAPPER / PRODUTTORE

DATA DI NASCITA: 9 marzo 1993
ALTEZZA: 1,74
NATO A: Buk-gu, Daegu, Corea del Sud
STUDI: ApGuJeong High School
CARRIERA PRECEDENTE: Rapper underground con il nome di Gloss in D-Town
NEI BTS DAL: 2010, originariamente come produttore

Come RM, anche Suga è stato un rapper underground prima di entrare nei BTS. Ma le sue doti non si limitano a rappare: Suga è un maestro nello scrivere e produrre brani e nel suonare il piano. È il secondo membro più vecchio del gruppo, dopo Jin. Nel 2016 ha pubblicato un album solista, con il nome di Agust D, nel quale ha rivelato la battaglia che ha combattuto a lungo contro la depressione, il disturbo ossessivo-compulsivo e l'ansia sociale. Grazie alla terapia, all'aiuto dei suoi compagni e del BTS ARMY, Suga è riuscito a superare questi ostacoli e ha espresso la sua gratitudine ai fan per l'affetto e il sostegno che ha ricevuto.

IN PILLOLE:

- **Anche se il nome Suga ricorda lo zucchero, lui non ama affatto i dolci e preferisce cibi leggeri e salati.**
- **A causa dell'appendicectomia subita nel 2013 si è guadagnato il soprannome di Mister Appendice.**
- **Ama talmente tanto dormire che potrebbe facilmente guadagnarsi anche un altro soprannome: quello di Maniaco dei Pisolini.**
- **Suga ha una personalità decisa e ha le idee molto chiare su ciò che gli piace o meno. Ama dormire, fare foto, giocare a basket e i posti tranquilli. Non gli piacciono le folle e ballare.**
- **Davanti alle telecamere e nelle interviste, Suga e il resto del gruppo scherzano su quanto ami dormire.**
- **La sua ragazza ideale dev'essere intelligente, tranquilla e con un carattere simile al suo.**

LA COMPILATION DI AGUST D

Il nome da solista di Suga, Agust D, è *Suga* scritto al contrario con l'aggiunta di *DT*, che sta per Daegu Town, la città della sua infanzia.

Il giorno dopo l'uscita giapponese di *Young Forever*, un'altra sorpresa ha travolto la scena musicale: il *mixtape* autoprodotto di Suga. L'album comprende dieci pezzi e comincia con un sample tratto da una famosa canzone di James Brown, poi colpisce gli ascoltatori facendo loro conoscere l'artista e il rapper Suga, che canta: «La categoria K-pop non è abbastanza grande per me».

Quando non sono ammorbidite dalle pose *aegyo* e dalle coreografie di gruppo dei BTS, le sue canzoni si rivelano senza peli sulla lingua e, attraverso il suo alter ego Agust D, Suga è libero di parlare per se stesso. Nel corso delle dieci canzoni racconta la storia del suo passato, la sua ascesa alla notorietà e la sua vita da *idol*.

Yonhap News/YNA/Newscom

Yonhap News/YNA/Newscom

Yonhap News/YNA/Newscom

«Il mio nome ha il significato più profondo tra tutti quelli dei membri del gruppo [*ride*]. Avete presente il vaso di Pandora, quando l'unica cosa rimasta dopo che tutto il resto ne era fuoriuscito era la speranza? Bene, ho aggiunto *hope* al mio nome per portare speranza nella vita nella band. La J l'ho ricavata dal mio cognome, Jung. Ecco da dove arriva J-Hope.»

J-HOPE

NOME COMPLETO: Jung Ho-seok 정호석

RAPPER / BALLERINO

DATA DI NASCITA: 18 febbraio 1994
ALTEZZA: 1,77
NATO A: Gwangju, Corea del Sud
CARRIERA PRECEDENTE: Ha studiato in una famosa accademia di danza di Gwangju e aveva un contratto con l'etichetta discografica JYP prima di unirsi alla Big Hit. È stato anche un membro dei Neuron, un gruppo di street dance.
NEI BTS DAL: 2010
SOPRANNOME: Hobi

Sul palco, J-Hope è un *beagle* carico d'energia e sfoggia le sue impressionanti doti di ballerino, il suo stile unico come rapper e le sue adorabili espressioni *aegyo*. Prima di entrare nei BTS, J-Hope aveva già raggiunto una certa notorietà come street dancer e aveva vinto una competizione nazionale nel 2008. Ho-seok, chiamato anche Hobi da amici e fan, nei primi tempi si concentrava più sulle linee vocali che sul rap, il che spiega la sua tecnica armoniosa e cantilenante. Il suo atteggiamento ottimistico lo ha spinto a scegliere un nome d'arte che esprimesse il desiderio di essere una fonte di speranza e luce per i suoi fan.

Dei Neuron ricorda: «Facendo promozione nell'underground con il mio gruppo di street dance ho fatto un sacco di popping. All'interno del popping c'è un altro sottogenere chiamato Boogaloos, che era quello che facevo di più. Ho vinto un sacco di premi e mi sono esibito tantissimo, durante la promozione».

IN PILLOLE:

- J-Hope si è trasferito a Seoul nel 2010.
- Anche se J-Hope è famoso per i suoi graziosi atteggiamenti *aegyo*, non è sempre stato un amante delle smorfie a favore di telecamera.
- Nel videoclip del suo brano da solista *Daydream*, J-Hope fa un riferimento al romanzo *Guida galattica per autostoppisti* quando riceve dal protagonista del libro, Arthur, il messaggio «Niente panico».
- La sua compagna ideale è una ragazza che lo supporti, che ami i libri e che sia un'ottima cuoca.

Yonhap News/YNA/Newscom

Yonhap News/YNA/Newscom

«Tra le opzioni c'erano nomi come Baby J e Kid, ma ho deciso che Jimin era il migliore, così ho finito per usare il mio nome vero.»

JIMIN

NOME COMPLETO: Park Ji-min 박지민

BALLERINO / VOCALIST

DATA DI NASCITA: 13 ottobre 1995
ALTEZZA: 1,73
NATO A: Busan, Corea del Sud
STUDI: Busan High School, poi si è trasferito alla Korea Arts High School e ha completato gli studi alla Global Cyber University
NEI BTS DAL: 2012

Prima del provino per i BTS, Jimin studiava danza moderna in una scuola superiore di arte e spettacolo, insieme al compagno di gruppo V. È perfezionista più o meno in tutto, ma sotto la superficie ha un carattere dolce e premuroso. Gli altri BTS lo prendono in giro perché è un po' basso, ma a lui non importa.

Jimin si è trasferito nel dormitorio a maggio del 2012, un anno dopo V. All'epoca, anche Jungkook viveva lì. L'esperienza del dormitorio non è stata l'unica novità per Jiminnie. Anche a scuola era il nuovo arrivato. V lo ha preso sotto la sua ala, gli ha presentato i suoi amici; mangiavano insieme tutti i giorni, comprando ramen e snack nella mensa della scuola.

Quando è davanti alle telecamere, Jimin sa catturare l'attenzione con le sue movenze raffinate e i suoi *addominali di cioccolato*, ma ha anche una voce molto dolce che si può ascoltare sul brano *Lie*, che ha anche composto. La canzone parla di insicurezze, di mancanza di fiducia in se stessi e di come Jimin si sforzi di dire e fare sempre la cosa giusta.

Sul palco e non solo, Jimin sostiene i compagni di band con tutto il cuore e si preoccupa sempre di non deluderli. È noto per l'incredibile impegno e per la determinazione con cui si dedica alle prove e a curare la propria forma fisica: una volta, esercitandosi, si affaticò così tanto che iniziò a sanguinargli il naso.

PREMI

Melon Music Award : Artista emergente dell'anno (2013)
Golden Disc Award: Premio esordiente (2014)
Melon Music Award: Premio Best Male Dance (2015)
Golden Disc Award: Disco Bonsang (2016)

Yonhap News/YNA/Newscom

Yonhap News/YNA/Newscom

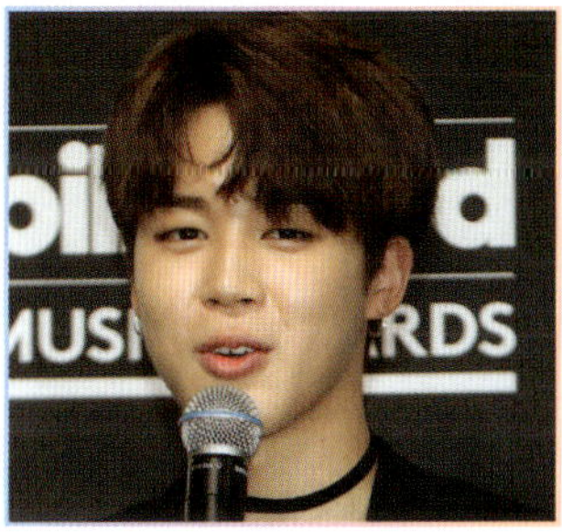

IN PILLOLE:

• Una volta Jimin aveva problemi di peso. Ha raccontato che, quando andava al liceo con V, mangiava anche sei pasti in un giorno solo. Da *idol*, Jimin segue un severo piano di dieta ed esercizi ed è orgoglioso dei suoi *addominali di cioccolato* duri come la pietra. Quando il gruppo è in tour, Jimin ha la sensazione che la sua *tartaruga* si ammorbidisca un po', ma tornato a casa si rimette in riga, allenandosi tutti i giorni con Jungkook per restare in forma.

• La ragazza ideale di Jimin deve avere senza dubbio una bella personalità.

«Anche se la gente trova divertenti le cose che dico, non lo faccio di proposito per piacere agli altri.»

V

NOME COMPLETO: Kim Tae-hyung 김태형

VOCALIST

DATA DI NASCITA: 30 dicembre 1995
ALTEZZA: 1,78
NATO A: Daegu, Corea del Sud, e cresciuto a Geochang
PARLA: Coreano, giapponese fluente
STUDI: Korea Art School e Global Cyber University
CARRIERA PRECEDENTE: Ha recitato nel serial televisivo coreano *Hwarang*
NEI BTS DAL: 2011

V è creativo a trecentosessanta gradi, non è solo un musicista. Ama molto l'arte e ha anche recitato nella serie tv coreana *Hwarang*, interpretando il personaggio di Hansung dal 2016 al 2017. Alcuni fan lo chiamano *il membro 4D*, un termine del mondo K-pop che definisce una persona anticonformista, bizzarra, un po' fuori dall'ordinario. V cerca di parlare inglese con un pizzico di accento americano, a volte, cosa che molti fan trovano adorabilmente nerd!

Durante il discorso di ringraziamento per la vittoria a *M! Countdown*, quando i BTS hanno battuto le EXID, V si è impadronito del microfono e ha cantato *Loser* dei Big Bang, ricevendo per questo aspre critiche sia dai fan sia dagli *haters*. V e i suoi sostenitori insistono a dire che scegliendo questa canzone non volesse offendere nessuno: è semplicemente un grande fan dei Big Bang. In seguito, scusandosi su Twitter, V ha spiegato che ascoltava *I Need U*, *Bae Bae* e *Loser* tutti i giorni e ha ribadito che la scelta di quest'ultimo brano non celava cattive intenzioni.

Yonhap News/YNA/Newscom

Yonhap News/YNA/Newscom

IN PILLOLE:

- Tae-hyung viene dalla campagna. È il più grande di tre figli e ha una sorella e un fratello.
- Il nome V sta per *vittoria* – cioè la speranza che i BTS abbiano successo – ma per il suo nome d'arte Tae-hyung aveva anche altre opzioni. Ha preso in considerazione anche Six e Lex, prima di scegliere V.
- V ha un debole per gli animaletti dal pelo morbido. Ha tre cani che vivono con la sua famiglia, Soonshin, Ssyongssyong e un cucciolo di pomerania chiamato Yeontan, oltre a un gatto di nome Kkanji.
- Da ragazzino, V ha suonato per tre anni il sassofono, perché suo padre gli aveva detto che tutti i cantanti dovrebbero saper anche suonare uno strumento.
- Ama tutto ciò che è unico e insolito e passa il tempo libero cercando musica sconosciuta su Internet.
- V ama i parchi di divertimento e le montagne russe, ma odia le cose che fanno paura, come i fantasmi.
- I suoi soprannomi sono Tae-tae (più facile da pronunciare, rispetto a Tae-hyung) e Blank Tae (perché spesso, quando balla, ha lo sguardo perso nel vuoto, in inglese *blank*).
- V ha idee molto precise riguardo alla sua ragazza ideale. Dovrebbe essere parsimoniosa e rimproverarlo se spende troppo. Dovrebbe pensare di comprare una macchina prima di acquistare casa, preparare un'ottima cioccolata calda e dimostrarsi devota e generosa con i propri genitori.

«Andare in America ha cambiato un sacco di cose. Quand'ero apprendista mi dicevano di esercitarmi a ballare, ma in America era tutto così diverso. C'era molta libertà.»

JUNGKOOK

NOME COMPLETO: Jeon Jeong-guk 전정국

BALLERINO / VOCALIST

DATA DI NASCITA: 1° settembre 1997
ALTEZZA: 1,78
NATO A: Busan, Corea del Sud
STUDI: Scuola di arti dello spettacolo di Seoul
CARRIERA PRECEDENTE: Scuola di arti dello spettacolo di Seoul
NEI BTS DAL: 2011
SOPRANNOMI: Kookie, Golden Maknae

Jungkook è il *maknae* (il più giovane) del gruppo; viene chiamato Golden Maknae, *Maknae d'Oro*, anche perché è bravo a cantare, ballare, nel rap e negli sport. Anche se spesso si occupa delle linee vocali principali, fuori dal palco è il più tranquillo dei BTS. Prima di essere abbastanza grande da iniziare il liceo, Jungkook fece il provino per il talent show sudcoreano *Superstar K*, raggiungendo immediatamente il successo. Firmò per la Big Hit Entertainment e si unì ai BTS a quindici anni. Durante l'addestramento per diventare una superstar di livello mondiale, ricevette anche un'istruzione formale alla Scuola di arti dello spettacolo di Seoul, diplomandosi con un anno di ritardo, nel 2017.

Jungkook è famoso per le sue doti canore e come ballerino, ma è anche un grande atleta in generale, che si tratti di corsa, braccio di ferro, tiro con l'arco o perfino bowling. È anche un artista di talento, una qualità di famiglia.

Anche se è il componente più giovane del gruppo, le molte doti di Jungkook lo rendono un talento poliedrico. È bravo a cantare non solo in coreano: lo fa altrettanto bene in inglese, giapponese, cinese e vietnamita, sia accompagnato sia a cappella. Come i fan sanno, è anche un ballerino straordinario.

Ma non è tutto. Jungkook possiede molte altre qualità e i suoi compagni di gruppo sono pronti a raccontare aneddoti e fargli i complimenti ogni volta che si trovano davanti alle telecamere.

Yonhap News/YNA/Newscom

Yonhap News/YNA/Newscom

IN PILLOLE:

- Jungkook ama dedicare il suo tempo libero ai videogiochi, sia sul telefono sia con le console o nelle sale giochi. Gli piace tantissimo *Overwatch*. Quando non gioca, gli piace leggere libri e fumetti.
- Sa parlare discretamente giapponese e inglese.
- A scuola, la sua materia preferita era educazione fisica.
- Ha un fratello maggiore di nome Jung Hyun.
- Una volta Jungkook mandò un video ai provini per uno show canoro coreano. Dopo che il video divenne virale tra gli addetti ai lavori, lui fu l'apprendista più ricercato della Corea del Sud!
- La sua compagna ideale è alta circa 1,60, è sveglia, ha una bella pelle e sa cantare bene.

QUIZ: QUANTO CONOSCI I BTS?

Credete di sapere tutto quello che c'è da sapere su questi *idols*? Seguite la legenda e assegnate la lettera giusta in base a quello che hanno detto i membri dei BTS, poi controllate se le vostre risposte sono corrette. Assegnatevi un punto per ogni risposta esatta.

A - *Jin*
B - *RM*
C - *Suga*
D - *V*
E - *J-Hope*
F - *Jimin*
G - *Jungkook*

1. CIBO PREFERITO:

Pesce
Kimchi
Ramen e pollo fritto
Dolci
Cibo piccante
Frutta
Carne, carne e ancora carne

2. PERSONALITÀ:

Intelligente
4D
Leader
Pigro
Scherzoso / aegyo
Competitivo
Solidale

3. RUOLO NELLA CASA:

Nonno
Combinaguai
Dispettoso
Addetto al bucato
Dormire
Fare le sue cose
Sostenere gli altri

4. FILM PREFERITO:

Inception
Matrix
Southpaw – L'ultima sfida
Always – Per sempre
Se mi lasci ti cancello
Iron Man
Questione di tempo

Yonhap News/YNA/Newscom

5. GLI ANIMALI DOMESTICI DEI BTS:

Tre cani e un gatto
I petauri dello zucchero
Eomuk e Odeng
Un cane di nome Holly
Un cane di nome Mickey
Un cane di nome Gureum (o Cloudie)

6. MODELLI:

Kanye West
T.O.P. dei Big Bang
Lil Wayne
G-Dragon dei Big Bang
Beenzino
Eric Bannet
Taeyang dei Big Bang

7. COLORE PREFERITO:

Rosa
Bianco
Verde
Grigio
Blu / nero
Nero, rosa e viola
Nero

8. NON ESCE MAI DI CASA SENZA:

Acqua
Burrocacao
Un cuscino
Una macchina fotografica

9. IL SUO NOME SIGNIFICA:

Il genio del Sud
Grande tesoro
Perla luminosa
Fama
Il pilastro della nazione
Saggezza che arriva al cielo
Speranza nelle avversità

10. SECONDO LUI, LA VIRILITÀ DI UN UOMO È DATA DA:

Forza / conoscenza
Portamento
Sicurezza
Responsabilità
Volto
Prendersi cura degli altri
Educazione e passione

IL TUO PUNTEGGIO: ___ /65

RISPOSTE:

1. D, E, B, A, G, F, C
2. B, D, A, C, E, G, F
3. A, B, E, D, C, G, F
4. C, A, E, F, B, G, D
5. D, A, C, E, G
6. B, A, C, G, E, D, F
7. G, C, E, D, F, B, A
8. E, B, D, C
9. D, A, C, E, B, G, F
10. G, F, D, C, A, B, E

APPRENDISTATO

Da apprendisti a idols: come inizia un fenomeno K-pop

Nell'industria del K-pop, la normale procedura prevede che si tengano delle audizioni e che i membri di un gruppo pop vengano addestrati tutti insieme per diversi mesi, o perfino anni, prima del loro debutto. I componenti delle band vivono insieme in un dormitorio, dove mangiano, riposano, fanno le prove e stanno insieme ventiquattr'ore su ventiquattro, sette giorni su sette.

Quando Bang tenne i provini per il gruppo, non si concentrò solo sulla musica e sulla danza. Ogni apprendista scelto era fortemente motivato e appassionato del suo lavoro fin da bambino. La filosofia di Bang è che, pur potendo insegnare loro a cantare, ballare, mettersi in posa e comportarsi da superstar, tutti dovevano intraprendere l'addestramento partendo dall'amore per la musica e la passione per il loro lavoro.

Numerose case discografiche pop coreane si sono guadagnate la cattiva reputazione di ambienti dove apprendisti e star vengono trattati male, ma la Big Hit Entertainment ha un approccio diverso. Il capo dell'etichetta, Bang Si-hyuk, concede maggiore indipendenza agli apprendisti e agli idols come i Bangtan Boys, in cambio di critiche assolutamente schiette e spesso severe, ma imparziali.

IN PILLOLE:

Quando uscì *No More Dream*, Jin aveva ventun anni e Jungkook solo sedici!

«La gente crede che conduciamo una vita esagerata perché siamo cantanti, ma in realtà io dormo, gioco con il telefono... tutto qui. Non c'è altro da fare nel dormitorio, a parte dormire.»
— RM durante un'intervista di gruppo su *AJ x The Star*

8 ARTISTI K-POP CHE SONO STATI A UN PASSO DAL FARE PARTE DEI BTS

Invitati a diventare apprendisti, questi artisti non sono entrati nella formazione definitiva:

- i11evn
- Suwoong
- Atom
- Kidoh
- Supreme Boi
- IRON
- Basick
- Beenzino

La vita a casa

Ai tempi in cui il gruppo si era appena formato, tutti e sette gli idols condividevano un'unica stanza.

Proseguendo nella loro scalata al successo, si sono messi a coppie per dividere delle stanze doppie. Per decidere chi avrebbe occupato l'unica stanza singola disponibile, si sono sfidati a carta, forbici e sasso. A vincere è stato il più giovane, Jungkookie, il Golden Maknae.

Nel 2018, gli idols si sono trasferiti in un nuovo, grande dormitorio con sei camere da letto. J-Hope e Jimin sono i soli due membri a dividere una stanza e affermano che non vorrebbero fare diversamente.

NOTTI DA *IDOL*

«Se chiedeste agli americani di nominare un artista di spettacolo coreano dell'anno passato, è probabile che la maggior parte citerebbe i BTS. Negli ultimi anni, la musica dei Bangtan Sonyeondan ha conquistato il mondo e nel 2017 hanno finalmente fatto breccia nel mercato americano, notoriamente competitivo. A novembre, i sette componenti della boy band coreana si sono esibiti agli American Music Awards, prima formazione K-pop ad avere questo onore. Sono stati anche ospiti da Ellen DeGeneres e Jimmy Kimmel, lasciandosi dietro una scia di isterismo online e di filmati virali grazie a una *fanbase* devota e costantemente in crescita.»

– *Forbes*, 27 marzo 2018

I BTS in tour

- 29 marzo 2014 *Primo Muster (raduno) del Global Official Fanclub ARMY, Seoul, Corea del Sud (3000 fan)*
- 14 luglio 2014 *Concerto* Show & Prove, *Los Angeles, California (250 fan)*
- 17 ottobre 2014 - 29 agosto 2015 BTS Live Trilogy Episode II: The Red Bullet, *Corea del Sud, Giappone, Filippine, Singapore, Thailandia, Taiwan, Malaysia, Australia, Stati Uniti, Messico, Brasile, Cile, Hong Kong*
- 10-19 febbraio 2015 *primo tour giapponese dei BTS,* Wake Up: Open Your Eyes
- 28-29 marzo 2015 BTS Live Trilogy Episode I: BTS Begins, *Corea del Sud (6500 fan)*
- 27 novembre 2015 - 23 marzo 2016 BTS Live The Most Beautiful Moment in Life on Stage, *Corea del Sud, Giappone*
- 24 gennaio 2016 *Secondo Muster BTS* [ZIP CODE : 22920], *Corea del Sud (9000 fan)*
- 12-13 novembre 2016 *Terzo Muster BTS* [ARMY.ZIP +], *Corea del Sud (38.000 fan)*
- 7 maggio - 14 agosto 2016 BTS Live The Most Beautiful Moment in Life on Stage: Epilogue, *Corea del Sud, Taiwan, Macao, Cina, Giappone, Filippine, Thailandia*
- 18 febbraio - 10 dicembre 2017 BTS Live Trilogy Episode III (Final Chapter): The Wings Tour, *Nord America, Sud America, Asia, Australia*
- 13-14 gennaio 2018 *Quarto Muster BTS* [Happy Ever After]. *Seoul, Corea del Sud (40.000 fan)*

UNITEVI ALL'ARMY! @BTS_TWT

Tutto quello che dovete sapere sul BTS ARMY

Il BTS ARMY è la forza trainante dell'ascesa del gruppo verso la celebrità. Anche se i BTS cantano e rilasciano interviste quasi soltanto in coreano (con qualche frase in inglese e giapponese infilata qua e là), la band ha raggiunto una fama planetaria soprattutto grazie a un esercito (ARMY) di fan che traducono testi e interviste, promuovono campagne per alzare le vendite e fare rumore sui social e diffondono le news ai quattro angoli di Internet in molte lingue.

I BTS riconoscono l'importanza della loro fanbase, e per ogni successo promosso online dai fan entusiasti ringraziano il loro ARMY.

Arruolarsi nel BTS ARMY ufficiale

Le iscrizioni all'ARMY sono aperte solo in alcuni brevi periodi. Il modo migliore per cogliere al volo la finestra d'opportunità è controllare la loro pagina Facebook ufficiale.

Per diventare membri dovete prima essere iscritti al loro fancafe su daum.net, oltre a esservi registrati sul sito di e-commerce Interpark, www.globalinterpark.com. Per entrambi l'iscrizione è gratuita.

I BTS sono stati il primo gruppo K-pop a guadagnarsi la propria emoji su Twitter. L'emoji imita il loro logo con il giubbotto antiproiettile. Quando si è cercato di stabilire quale fosse la fanbase più ampia su Twitter, gli ARMY di tutto il mondo hanno gareggiato con questa emoji; alla fine hanno vinto gli ARMY brasiliani, turchi e russi, che hanno usato più di tutti l'hashtag nel corso della competizione.

Diventare ARMY non ufficiali (ma pur sempre fantastici)

Essere membri del gruppo ufficiale è complicato e, se non si vive in Corea del Sud, dove si tengono la maggior parte degli eventi per i fan, i vantaggi per gli iscritti sono minori, ma questo non dovrebbe impedirvi di diventare voi stessi degli adorabili rappresentanti portavoce dei giovani.

Il sito usbtsarmy.com gestito dai fan americani offre notizie aggiornate, informazioni e tutorial su come diventare parte del fanclub ARMY ufficiale e del fancafe in inglese.

RACE FOR GOLD (CORSA ALL'ORO)

Una campagna promossa dai fan per aumentare le vendite, gli streaming e i passaggi in radio della musica dei BTS e farli concorrere nei principali premi e riconoscimenti degli Stati Uniti.

Fanclub, fancafe... ma qual è la differenza?
Nel fandom coreano ci sono due modi di sostenere il proprio bias (l'idol o il gruppo preferito): i fanclub e i fancafe. Entrare nei secondi è gratuito, mentre per diventare membri di un fanclub occorre pagare una quota d'iscrizione.

BTS Fancafe: http://cafe.daum.net/bangtan
L'iscrizione al fancafe è gratuita, ma il sito è interamente in coreano e se non si parla o legge questa lingua è difficile iscriversi ed è quasi impossibile seguirlo, anche con un buon programma di traduzione online. Essere iscritti al fancafe permette di chattare live con altri membri dell'ARMY, porre domande direttamente alla Big Hit e ai BTS, ricevere aggiornamenti ufficiali sui fansigns (gli appuntamenti in cui i BTS autografano i dischi dei fan), sui dischi e le novità, lasciare messaggi per i vostri idols preferiti e avere accesso ai messaggi dei membri del gruppo... sì, controllano DAVVERO i messaggi del fancafe, soprattutto J-Hope, che ama tenerlo d'occhio nel tempo libero. Spesso postano dei selca, così potrete ricevere la vostra dose quotidiana di meraviglia anche se non siete in grado di capire le didascalie.

Il fancafe è ospitato sul principale portale web coreano, Daum.

I vantaggi del fanclub
Far parte dell'ARMY ufficiale dà diritto a vantaggi diversi ogni anno. L'iscrizione si apre in primavera e dura solo un paio di settimane; viene annunciata sui social ufficiali dei BTS come Twitter e Instagram e sulla loro pagina ufficiale.

Fan chants

I fan del K-pop sostengono con passione i loro idoli. Lo si vede soprattutto ai concerti, dove i fan mostrano attivamente il loro sostegno imparando un fan chant, *un coro, ed eseguendolo all'unisono. Il pubblico partecipa con un testo particolare in coreano o in inglese oppure semplicemente recitando i nomi dei componenti del gruppo in un ordine specifico:*

Kim Nam-joon! Kim Seok-jin!
Min Yoon-gi! Jung Ho-seok!
Park Ji-min! Kim Tae-hyung!
Jeon Jeong-guk! BTS!
– *Il principale* fan chant *per i BTS*

L'effetto dà la carica tanto agli idols *quanto al pubblico.*

«I fan dei BTS – i membri dell'ARMY – ci raccontano di continuo quello che provano, i loro fallimenti, le loro passioni e le loro difficoltà. Molte volte sono di grande ispirazione, perché nelle canzoni che scriviamo cerchiamo di parlare di come i veri ragazzi, come noi sette, affrontano i problemi della vita reale. Perciò i fan ci sono d'ispirazione e ci indicano la direzione da seguire come musicisti. E naturalmente il loro affetto e il loro sostegno sono ciò che ci fa andare avanti.»
– RM, intervista per la rivista *Time*

FANCLUB NON UFFICIALI

L'Amino Army è una community online che raccoglie fan di tutto il mondo impegnati a condividere informazioni e l'affetto che provano per la band e per i suoi componenti. L'iscrizione è gratuita ed è possibile accedervi sul sito https://aminoapps.com/c/Btsarmy/ oppure dall'APP Amino. L'Amino Army propone articoli di blog, quiz, sondaggi, fan art, meme e altro ancora, occupandosi a trecentosessanta gradi del gruppo, della musica e dei sette artisti che rendono possibile tutto questo.

Un'altra fonte per ciò che riguarda la band è BTS Diary. Viene aggiornato più volte al giorno con le ultime notizie, conti alla rovescia per le nuove uscite e traduzioni di interviste da riviste internazionali e varie fonti.

BTS Wiki è una wiki gestita dal pubblico, che permette a tutti di contribuire ed espandere l'insieme delle informazioni su tutto ciò che riguarda i BTS. Potete accedere alla wiki e dare il vostro contributo per farla crescere su http://the-bangtan-boys.wikia.com/wiki/BTS_Wiki.

Anche le convention sono popolarissime tra i fan dei BTS. In centinaia si sono radunati al KCON, la Korean Culture Convention di Los Angeles, a cui i sette hanno partecipato nel 2014.

IN PILLOLE:

Seguite su Twitter l'hashtag #RMusic per ricevere i consigli musicali personali di RM.

INFORMAZIONI UFFICIALI E NON SU TUTTO QUELLO CHE RIGUARDA I BTS

Siti ufficiali

- *Sito ufficiale: bts.ibighit.com*
- *Store online: btsofficialshop.com*
- *Store online: (versione inglese) en.btsofficialshop.com*
- *Blog: btsblog.ibighit.com*
- *V Live: channels.vlive.tv/FE619/video*
- *Weibo: weibo.com/BTSbighit*
- *Fancafe: cafe.daum.net/BANGTAN*
- *Fanclub ufficiale giapponese: https://bts-official.jp*
- *Soundcloud: https://soundcloud.com/bangtan*

Forum

- *BangtanBase: https://bangtanbase.com*

SPOTIFY

Tutti i membri dei BTS hanno una playlist personale. Nelle foto, ognuno dei componenti ha in mano una lettera: mettendole in ordine, formano la parola MICDROP.

Jungkook: I Am Listening to It Right Now - BTS
Jin's GA CHI DEUL EUL LAE? - BTS
Jimin's JOAH? JOAH! - BTS
SUGA's Hip-Hop Replay - BTS
RM's Heavy Rotations - BTS
J-Hope's JAM - BTS
V's Join Me - BTS

GLI AMICI DELL'ARMY SONO QUI PER VOI

Diffondere amore e positività: l'ARMY risponde

L'Army Help Centre, www.spreadlovepositivity.org, è un gruppo di fan dei BTS provenienti da tutto il mondo che si prestano ad aiutare i fan della band vecchi e giovani quando hanno bisogno di sostegno o aiuto emotivo. I counselor dell'AHC sono psicologi e studenti di psicologia volontari, che forniscono il loro aiuto in oltre trenta lingue diverse ventiquattr'ore su ventiquattro, online e sui social media.

Le persone che vorrebbero parlare con qualcuno che le ascolti e le capisca senza giudicarle possono contattare l'AHC via messaggio diretto su Twitter. Anche se non sono professionisti, saranno felici di consigliarvi come affrontare problemi scolastici, bullismo o ansia sociale e possono fornire istruzioni su come ricevere un aiuto professionale in caso di bisogno.

Il centro ha ricevuto circa tremila messaggi privati, da quando è stato creato l'account @BTS_AHC, e il numero è in continuo aumento!

Potete scrivere anche una mail a slp@spreadlovepositivity.org oppure a btsarmyhelpcentre@gmail.com: vi metteranno in contatto con un counselor con cui potrete comunicare direttamente.

AHC e Spread Love Positivity non sono affiliati ai BTS o alla Big Hit Entertainment.

«Nel gruppo dei fan ho trovato una famiglia
che è diventata una parte preziosa della mia vita quotidiana.
Tengo a ogni singolo membro dell'ARMY.
Siamo una famiglia e niente può toccarci, se restiamo uniti
e ci prendiamo cura gli uni degli altri. Amo la mia famiglia.»
— Valfroy Aissatou, fondatrice dell'AHC

DISCOGRAFIA

2 Cool 4 Skool *(CD, Album)*	*2013*
O!RUL8,2? *(CD, Mini, MiniAlbum)*	*2013*
Wake Up	*2014*
Skool Luv Affair	*2014*
Dark & Wild *(CD)*	*2014*
The Most Beautiful Moment in Life, Part 1	*2015*
The Most Beautiful Moment in Life Part 2	*2015*
Dark & Wild *(CD, Album + DVD-V)**	*2015*
花様年華 Pt. 1 *(CD + DVD-V)**	*2015*
Skool Luv Affair *(Album+DVD) (CD + DVD)*	*2015*
화양연화 Young Forever	*2016*
Wings 'W'	*2016*
Youth*	*2016*
You Never Walk Alone	*2017*
Kayonenka Young Forever *(2xCD, Album + DVD-V)*	*2017*
Love Yourself: Her *(CD, Album, EP)*	*2017*
Face Yourself**	*2018*
Love Yourself: Tear	*2018*

Pubblicati in Corea da Big Hit Entertainment
* Pubblicato in Giappone da Pony Canyon
** Universal Music, Def Jam Recordings, Virgin Music

SINGOLI, EP

No More Dream*	*2014*
Boy in Luv*	*2014*
Danger*	*2014*
For You*	*2015*
I Need U*	*2015*
Run*	*2016*
血、汗、涙**	*2017*
MIC Drop / DNA / Crystal Snow**	*2017*
BTS (4) feat. Desiigner - MIC Drop (MP3)	*2017*

COMPILATION

2 Cool 4 Skool / O!RUL8,2? – *edizione giapponese** *(2xCD, compilation + DVD)*	*2014*
The Best of 防弾少年団 – *edizione giapponese** *(Box, edizione limitata + CD, compilation + DVD-V)*	*2017*
The Best of 防弾少年団 – *edizione coreana* *(Box, edizione limitata + CD, compilation + DVD-V)*	*2017*

VIDEO / DVD

Memories of 2014 *(3xDVD)*	*2015*
2015 Live the Most Beautiful Moment in Life on Stage *(3xDVD-V, edizione limitata)*	*2016*
Memories of 2015 *(4xDVD-V)*	*2016*
2016 BTS Live on Stage: Epilogue Concert *(3xDVD-V, edizione limitata)*	*2017*
Kayo Nenka on Stage: Epilogue *(2xDVD-V, edizione limitata)*	*2017*

BONUS TRACK

I download digitali sono super convenienti, ma sapevate che alcuni degli album fisici contengono delle bonus track nascoste?

2 Cool 4 Skool
- Path
- Skit: On the Start Line

Love Yourself: Her
- Ocean/Sea
- Skit: Hesitation and Fear

Non solo i Bangtan Boys rappano, cantano e ballano come veri idols, sono anche compositori eccezionali. RM, Suga, J-Hope e Jungkook si sono anche occupati in prima persona della produzione.

Nel maggio del 2018, Love Yourself: Tear, per lo più cantato in coreano, è stato il primo disco principalmente in lingua straniera ad arrivare in prima posizione su Billboard dopo oltre dodici anni.

Quando i BTS incontrano le star

I Bangtan Boys hanno potuto contare sull'aiuto di alcuni celebri fan. Ecco qualche collaborazione che merita di essere ricordata:

Quando i BTS hanno incontrato Andrew Taggart dei Chainsmokers ai Billboard Music Awards, il risultato è stato Best of Me, *incluso in* Love Yourself: Her.

Mic Drop (Steve Aoki remix) *ha vinto il disco d'oro negli Stati Uniti ed è rimasto per dieci settimane nella Hot 100 di Billboard.*

«Quando ho provato a scrivere un testo per la prima volta gli altri della band mi hanno preso in giro. Credo che per un produttore sia necessario saper cantare, rappare e comporre. Una canzone sarà più significativa se la costruisco dall'inizio alla fine, anziché usare un ritmo creato da qualcun altro.»
— RM

IN PILLOLE:

In prevendita, *Love Yourself: Her* ha raggiunto un milione e cinquantamila copie vendute.

IL SIGNIFICATO NASCOSTO DELLA MUSICA

Più intelligenti della media delle band pop

Il sottotesto intellettuale dei videoclip dei BTS è chiaro anche se non si comprende il significato del testo. Il video dalla profondità più spiccata è il cortometraggio *Wings*. RM apre il video con un discorso in inglese: «I regni del giorno e della notte. Allora si confondevano due mondi diversi provenienti da poli opposti». È una citazione da un classico della letteratura tedesca, *Demian*, di Herman Hesse. Pubblicato nel 1919, il romanzo esplora la lotta tra il mondo dell'illusione e il mondo reale, quello della verità spirituale; il mondo superficiale di ciò che mostriamo agli altri e la vera natura della nostra identità. Piuttosto profondo per un gruppetto di *hoobae* (*novellini*).

Musica con un messaggio

Come ha spiegato RM nel corso di un'intervista sulla KBS (Korean Broadcasting Network), al gruppo piace inserire riferimenti letterari nelle canzoni, così che i fan possano trovare ulteriori modi per entrare in contatto con il loro messaggio.

Le canzoni dei Bangtan Boys parlano delle sfide quotidiane affrontate dagli adolescenti, dall'amore alla scuola, ma i BTS non si tirano indietro quando si tratta di affrontare problemi più gravi come le norme sociali, la sessualità e la malattia mentale.

IN PILLOLE:

Con la parola *Künstlerroman* si intende un romanzo di formazione con protagonista un artista. *Demian* ne è un esempio classico. Anche molte delle canzoni e dei videoclip dei BTS si possono considerare *Künstlerroman*.

«L'identità del nostro gruppo è formata dalla lotta contro i pregiudizi e l'oppressione e dal desiderio di proteggere l'integrità della musica. Cerchiamo di collegare questi messaggi. È questo che ci sforziamo di comunicare attraverso la musica.»

— J-Hope, intervista per la KBS

FONTI D'ISPIRAZIONE LETTERARIE

Sanno rappare. Sanno ballare. Sono bellissimi. E sono anche colti. I giovani di tutto il mondo hanno scoperto il romanzo Demian, *un classico tedesco, dopo aver visto numerosi video e foto di Namjoon che lo portava con sé e lo leggeva, e adesso i membri dell'ARMY stanno rivolgendo la loro attenzione anche agli altri libri preferiti dai ragazzi dei BTS. Per apprezzare e comprendere meglio le canzoni che preferite del gruppo, segnate nella vostra lista dei libri da leggere questi titoli:*

- Life Lessons, *Elisabeth Kübler-Ross (Suga)*
- A proposito di lei, *Banana Yoshimoto (Suga)*
- Kitchen, *Banana Yoshimoto (RM)*
- Demian - Storia della giovinezza di Emil Sinclair, *Hermann Hesse (RM)*
- Ventimila leghe sotto i mari e Il giro del mondo in ottanta giorni, *Jules Verne (J-Hope)*
- Lord Chesterfield's Letters, *Phillip Chesterfield (V)*
- 1Q84, Kafka sulla spiaggia e Norwegian Wood, *Haruki Murakami (RM)*
- Io prima di te, *Jojo Moyes (RM)*
- Lo straniero, *Albert Camus (RM)*
- Il giovane Holden, *J. D. Salinger (RM)*
- Guida galattica per autostoppisti, *Douglas Adams (RM)*

«Come BTS, come squadra, cerchiamo sempre di mettere in evidenza storie di crescita e di adolescenti o persone che non hanno ancora trent'anni. È il nostro principale messaggio.»

— RM, intervista per la KBS

LE MOSSE

Quando erano apprendisti, i ragazzi si allenavano per circa dieci ore al giorno; alcuni di loro addirittura si svegliavano in piena notte per provare, temendo di non essere all'altezza degli altri nella sessione del giorno dopo. Il coreografo e *performance director* Son Seong Deuk ha ridotto le prove a quattro ore al giorno, perché ha capito che oggi i membri del gruppo riescono a imparare le mosse più facilmente e a rendere le loro performance perfino più precise.

- J-Hope guida la carica, unendo al suo hip-hop disinvolto e alle sue mosse freestyle le esecuzioni magistrali di *popping* e *isolation*, ovvero i movimenti di parti isolate del corpo.

- Jimin ha studiato danza contemporanea, e lo mostra con le sue linee pulite e lo stile fluido. Sul palco si muove come se fosse liquido.

- Jungkook ha un'esperienza di tae kwon do, il che conferisce al suo stile di ballo grazia, potenza ed energia.

Loro tre si occupano del lavoro pesante per RM, V, Jin e Suga, che prima di diventare apprendisti non avevano alcuna esperienza nel campo della danza.

Se le loro mosse vi ispirano, potete seguirle grazie agli YouTuber che hanno postato video al rallentatore e le hanno analizzate tutte una per una. Alcuni vlogger propongono passi di danza in versione mirrored*, ovvero ponendosi come se fossero l'immagine allo specchio di chi li guarda: in questo modo potrrete ricreare le mosse proprio come i ballerini le eseguono. Altri invece vi mostrano come eseguirle così come le avete viste sullo schermo e sul palco.*

BTS: BUCARE LO SCHERMO

Nel tempo libero – cioè quando non sono impegnati a cantare, rappare, ballare, comporre, esibirsi, registrare, fare le prove, mangiare, curare i loro vlog, incontrare i fan, realizzare videoclip o partecipare a programmi televisivi – i BTS hanno anche creato i loro *webtoons*, emoji e APP di gioco.

Esiste qualcosa che questi *boy scout a prova di proiettile* non sappiano fare?

IN PILLOLE:

I *webtoons* (da *web* + [*car*]*toon*) sono manga o fumetti digitali che si guardano scorrendo sempre dall'alto verso il basso.

Hip Hop Monster

Sette membri, sette personaggi aegyo che assomigliano loro in maniera impressionante: la Big Hit ha sviluppato i personaggi collaborando con la società E&M, così che avessero la personalità, l'aspetto e gli hobby dei vari membri del gruppo. Sono stati svelati al Meet & Greet online per i fan dei BTS nel 2014 e sono diventati la nuova, iconica linea di bambole, adesivi, personaggi e il webtoon Hip Hop Monster.

Il fumetto è ambientato in una scuola, dove i sette personaggi formano un club e vivono piccole avventure. In tutto sono stati prodotti quarantaquattro episodi. Le traduzioni inglesi si possono trovare sul sito BTS Diary *nel* menu Webtoons: *https://btsdiary.com/hip-hop-monster.*

We On: Be the Shield

La successiva serie di fumetti web ha tratti e atmosfere manga completamente diverse. Si basa sulla canzone con lo stesso titolo contenuta nell'album O!RUL8,2?. *La storia segue sette personaggi (chiamati come i membri del gruppo ma con personalità diverse rispetto alle loro) che grazie a superpoteri proteggono la Terra dall'invasione dei mostri. La storia si sviluppa in ventinove capitoli e ne è stata realizzata una sola stagione. Le traduzioni in inglese si possono trovare anche in questo caso su* BTS Diary *nel* menu Webtoons *https://btsdiary.com/picture/webtoon/we-on-be-the-shield.*

BT21: *l'adorabile invasione del progetto Friends Creators*

Attraverso la collaborazione con Line Friends, i ragazzi dei BTS hanno creato i propri personaggi e Line Friends li ha trasformati in cuscini, peluche, capi di moda, accessori con carattere da vendere. In puro stile BTS, l'intero processo creativo è stato filmato. Potete guardare la storia e conoscere i personaggi sul sito www.bt21.com, mentre il merchandising ufficiale è acquistabile su Amazon.com (utilizzate la chiave di ricerca BT21).

Puzzle Star

BT21 the Game *è un gioco swipe & blast con protagonisti gli adorabili personaggi creati dai ragazzi del gruppo insieme a Line Friends. Potete scaricare il gioco e le emoji dei personaggi gratuitamente su Google Play o su APP Store.*

I BTS IN TELEVISIONE

Vlive.TV e il canale YouTube BangtanTV offrono aggiornamenti gratuiti quasi giornalieri, con contenuti aggiuntivi disponibili per chi si iscrive alla versione premium su V Live e YouTube Red. Per una sana dose quotidiana di questi *idol* K-pop!

VLIVE.TV

V Live *è un'emittente online che permette alle celebrità di entrare in contatto direttamente con i fan. Il canale BTS contiene serie come* Run BTS! *e* BTS Gayo! *e numerose miniserie. Su V Live i BTS hanno quasi nove milioni di follower, e non è difficile capire perché. Se siete iscritti, potete guardare non solo un nuovo episodio di* Run BTS! *ogni martedì, ma anche vedere gratis e in ogni momento le registrazioni dei loro show. Potete anche guardare filmati dove ogni componente del gruppo parla della vita quotidiana fuori dal palco, per esempio degli eventi per i fan, dei viaggi o anche solo delle pulizie di casa.*

Run BTS! *è il loro varietà. In esso i ragazzi affrontano prove e si divertono di fronte alle telecamere per tutti i loro fan. Questi* boy scout *non si tirano indietro di fronte a nulla: si vestono da scolarette, affrontano le loro paure, partecipano a caotiche sfide culinarie, si trovano faccia a faccia con gli zombie e, nell'episodio più adorabile di sempre, addestrano dei cuccioli. Lo show è andato in onda per la prima volta nel 2015 e continua su V Live con episodi settimanali e filmati extra dietro le quinte.*

BTS Gayo! *è un quiz musicale a cui i membri del gruppo partecipano come concorrenti ogni settimana. Le prove si concentrano su aspetti diversi della musica, del ballo, del canto e della cultura pop.*

I ragazzi gareggiano gli uni contro gli altri, indovinando canzoni per bambini, cantando al karaoke e perfino producendo video musicali. Lo show è andato in onda dal 2015 al 2017, ma gli episodi e i video dietro le quinte si possono trovare sul canale V Live dei BTS.

BTS Bon Voyage *(prima e seconda stagione)* *è un reality show che segue da vicino i viaggi dei BTS. La prima stagione è andata in onda nel 2016 e parla del tour di dieci giorni in Europa del Nord, per festeggiare il terzo anniversario della band. La seconda stagione è andata in onda un anno dopo e ha mostrato una cronaca del loro tour di nove giorni alle Hawaii.*

Bokbulbok *significa* fortuna/sfortuna. *Si tratta di un quiz in cinque puntate a cui i membri hanno preso parte nell'area prove del quartier generale della Big Hit. In ogni episodio uno dei membri sceglieva da una boccia per pesci un uovo di plastica trasparente, che conteneva un gioco o una prova che avrebbero dovuto affrontare.*

BTS Home Party *si ripete ogni anno ed è parte della* BTS Festa. *Questo evento, che si tiene dal vivo a Seoul, è aperto solo ad alcuni membri dell'ARMY, ma il filmato di 105 minuti si può guardare gratuitamente sul canale V Live dei BTS.*

I BTS SU YOUTUBE

BTS A.R.M.Y. Rookie King *è andato in onda per otto episodi quando la band era ancora agli esordi. Si vedono i ragazzi impegnati a cucinare, giocare a bowling, scherzare e giocare. Il gioco più celebre dello show è* Endplate King, *dove uno dei membri del gruppo viene considerato salvo mentre gli altri sei ricevono delle carte. Su cinque di esse c'è scritta la* parola salvo, *mentre sulla sesta sono disegnati un teschio e due tibie incrociate. Allo sfortunato che riceve questa carta tocca* una penitenza: *per esempio deve farsi rompere in testa delle uova, oppure truccare i compagni di band, annusare pesce andato a male o mangiare ramen piccante nella sauna con addosso vari strati di vestiti. Potete trovare gli episodi di* Rookie King *sottotitolati in inglese su YouTube.*

BTS Burn the Stage *va in onda su YouTube Red. Ha seguito la band per trecento giorni mentre i BTS si preparavano a partire per il loro primo tour mondiale. I ragazzi hanno dedicato ai loro fan e ai compagni di gruppo lo show, una celebrazione del duro lavoro, dell'amicizia e della gioia del loro viaggio insieme. Lo show segue da vicino le difficoltà e i trionfi del gruppo e offre un resoconto della loro crescita, che li ha portati a diventare artisti d'esperienza, noti in tutto il mondo. Il primo episodio settimanale di* Burn the Stage *è andato in onda nel marzo del 2018.*

BTS Festa *si tiene ogni anno dal primo giugno per festeggiare l'anniversario del loro debutto nel 2013. Per due settimane il gruppo delizia i fan dando loro accesso gratuito a foto, canzoni e video, compresi i dietro le quinte delle prove di ballo, collaborazioni e brani appena pubblicati.*

Bangtan Bomb *è una serie di brevi video sulla vita dei BTS, la cui durata varia da pochi secondi a quasi dieci minuti. Sono vlog che mostrano i Bangtan Sonyeondan mentre sono semplicemente loro stessi, adorabili nerd della vita di tutti i giorni. I video sono disponibili sulla playlist* Bangtan Bomb *del canale YouTube* BangtanTV.

AMERICAN HUSTLE LIFE, 2014

Quando i Bangtan Boys iniziarono come apprendisti, lavoravano sodo in ogni momento per perfezionare il loro aspetto, la loro musica e le loro doti di ballerini, oltre che per formare un gruppo affiatato. Quando sfondarono sulla scena *idol*, i critici pensarono che mancasse loro una cosa: un autentico tocco hip-hop. Come fanno i veri leader, Bang rifletté sulle critiche ed elaborò un nuovo piano: avrebbe mandato i ragazzi negli Stati Uniti per conoscerne in prima persona la cultura. Ed ecco che iniziarono l'addestramento all'hip-hop e *American Hustle Life*.

Nel perfetto stile di uno sceneggiato coreano, ai ragazzi fu detto che sarebbero andati a Los Angeles per incidere un nuovo disco. Non molto tempo dopo l'arrivo, subirono un finto rapimento a sorpresa e furono portati in un luogo segreto e losco, dove sarebbero stati *raddrizzati con il terrore*. I ragazzi non fecero una piega e stettero al gioco, dopodiché fu loro detto che erano stati mandati in America per imparare nel dettaglio la cultura hip-hop. Conobbero i loro mentori Dante Evans, Nate Walka e Tony Jones e gli insegnanti Coolio e Warren G, e nelle due settimane successive dovettero superare test a sorpresa, gare di ballo, insegnamenti impartiti con pugno di ferro e guanto di velluto e, soprattutto, lezioni di artisti eccezionali del campo, che hanno cambiato loro la vita.

Fu una sorpresa per i ragazzi scoprire tutto quello che non sapevano della cultura che avevano adottato dall'altra parte del mondo e per due settimane seguirono un corso intensivo di musica americana, che sarebbe servito loro come guida una volta ritornati a casa.

I BTS OSPITI A GO!

La settima puntata dello show di Mnet America Go! ha seguito i BTS nel loro secondo viaggio in America, nel 2014. I quarantaquattro minuti dello show hanno mostrato i ragazzi a Laguna Beach, mentre visitavano lo studio Dream Factory Los Angeles e mentre si esibivano al KCON del 2014. Potete vedere lo show sul sito MnetAmerica.com.

Il gruppo scoprì di adorare il clima di Los Angeles, la vita da spiaggia, i panorami della California e la villa in cui vivevano. Quando non erano a lezione o impegnati a studiare hip-hop, si divertirono tra relax, riposo e scherzi in puro stile BTS. La parte migliore dell'esperienza, per i fan, fu che tutto venne ripreso! Ogni settimana il gruppo pubblicava una nuova videocronaca dell'esperienza che stavano vivendo. I video immortalarono i loro successi, i fallimenti, le emozioni e le loro paure – i ragazzi sembravano non nascondere niente alle telecamere – e i fan non ne avevano mai abbastanza delle loro spiritosaggini da *beagles*!

BTS: UN VERO SUCCESSO COMMERCIALE

Nel marzo del 2018, i BTS hanno prodotto un video spot per la KB Kookmin Bank, presentando la loro APP on-the-go. La canzone che lo accompagnava: *Run*, ovvio!

Il loro successo commerciale è continuato quando solo poche settimane dopo i BTS si sono uniti al Team LG come ambasciatori mondiali per LG Mobile e LG Electronics e hanno realizzato gli spot per i negozi Lotte Duty Free in quattro lingue.

«LDF vi farà diventare dei bravi ragazzi.»
– citazione dal rap che si sente nello spot Lotte Duty Free

IN PILLOLE:
CF è una sigla usata in Corea per indicare una sponsorizzazione commerciale.

Yonhap News/YNA/Newscom

Yonhap News/YNA/Newscom

Yonhap News/YNA/Newscom

Yonhap News/YNA/Newscom

Yonhap News/YNA/Newscom

Yonhap News/YNA/Newscom

Yonhap News/YNA/Newscom

I BTS DIVENTANO SUPERSTAR COME BRAND AMBASSADORS DI COCA-COLA AI MONDIALI FIFA 2018 IN RUSSIA

«Abbiamo scelto i BTS come modelli perché la loro straordinaria energia sul palco e la loro passione per la musica si abbinano bene all'ardore dei mondiali di calcio, che tutti amano, e alla felicità che Coca-Cola sa donare nel caldo dell'estate. A partire dai mondiali in Russia, Coca-Cola lavorerà con i BTS per creare un'esperienza estiva speciale ed emozionante.»
– comunicato stampa Coca-Cola, 29 aprile 2018

BTS: I VIDEO

I videoclip dei BTS sono la prova visiva che non solo questi giovanotti sanno cantare, ballare, rappare, produrre e comporre musica, ma sanno anche recitare! Spesso i clip hanno trame complesse che mostrano lo spiritoso senso di fratellanza che unisce i componenti del gruppo, ma affrontano anche questioni profonde e importanti per i giovani di tutto il mondo.

1. *11 giugno 2013,* No More Dream
2. *16 luglio 2013,* We Are Bulletproof Pt. 2
3. *10 settembre 2013,* N.O
4. *11 febbraio 2014,* Boy in Luv
5. *4 aprile 2014,* Just One Day
6. *19 agosto 2014,* Danger
7. *21 ottobre 2014,* War of Hormone
8. *29 aprile 2015,* I Need U
9. *23 giugno 2015,* DOPE
10. *29 novembre 2015,* Run
11. *19 aprile 2016,* Young Forever
12. *1° maggio 2016,* FIRE
13. *15 maggio 2016,* Save Me
14. *9 ottobre 2016,* Blood Sweat & Tears
15. *12 febbraio 2017,* Spring Day
16. *19 febbraio 2017,* Not Today
17. *18 settembre 2017,* DNA

LA SERIE HYYH

Hwa Yang Yeon Hwa–The Most Beautiful Moment in Life–HYYH

I videoclip della serie HYYH raccontano la storia di sette personaggi attraverso le immagini e la musica, ma con pochissimo dialogo, lasciando le vicende aperte a varie interpretazioni. Le interpretazioni dei fan sul loro significato si possono trovare dappertutto, toccando argomenti profondi come suicidio, omicidio, depressione e altre malattie mentali fino al passaggio dolceamaro dall'infanzia all'età adulta. Vengono proposte molte interpretazioni simboliche, e anche se i BTS o la Big Hit non hanno confermato né negato queste teorie, i Bangtan Boys giocano a fare i misteriosi lasciando indizi qua e là per gettare benzina sul fuoco ardente delle mille ipotesi. Anche se potete guardare i video senza un ordine particolare, una delle teorie più diffuse sostiene che questo sia il più sensato:

- *I Need U (original version)*
- *Butterfly Prologue*
- *Run*
- *Epilogue: Young Forever*
- *Wings (short films)*
- *Blood Sweat & Tears*
- *Love Yourself (highlight reels)*
- *Spring Day*

«HYYH è un'espressione idiomatica di quattro lettere. *Hwa yang* indica la forma di un fiore. *Yeon hwa* sta per *periodo o momento*. Letteralmente, HYYH significa *lo splendido momento di un fiore*. Abbiamo pensato che HYYH potesse rappresentare la giovinezza. Significa *il momento più bello della vita*. Noi crediamo che quel momento sia la giovinezza. E speriamo che il tempo che passeremo insieme ai concerti sia il più bel momento della nostra vita.»
— RM, parlando del disco, delle canzoni e del tour

Comprendere i videoclip
Per trasmettere il significato più profondo delle canzoni, il gruppo inserisce nei videoclip dei simboli; per comprenderli, però, non è necessario avere un quoziente intellettivo di 148 come RM. La maggior parte dei simboli si riferisce al contrasto tra luce e oscurità, giovinezza ed esperienza, innocenza e saggezza, illusione e realtà e, infine, tentazione e sacrificio. Secondo i BTS, la vita è una lotta tra la scelta della via più facile e il duro lavoro necessario per fare la cosa giusta e innalzarsi al di sopra delle pressioni sociali ed emotive della vita quotidiana.

Blood Sweat & Tears

Guardando per la prima volta il videoclip di *Blood Sweat & Tears*, la maggior parte dei fan è totalmente confusa oppure molto emozionata. Contiene talmente tanti simboli e riferimenti letterari che per spiegarli tutti ci vorrebbe un'intera tesina! Ecco l'analisi dettagliata di alcuni dei simboli presenti nel video.

1. *Jungkook che vola in aria circondato da piume e V che salta da un'alta piattaforma rappresentano la caduta provocata dall'ambizione eccessiva, come nel mito di Icaro.*
2. *La mela di Jimin rappresenta la tentazione biblica.*
3. *L'arresto di V per vandalismo rappresenta il modo in cui l'autorità soffoca e controlla l'espressione artistica.*
4. *Il brindisi di Jin rappresenta l'Ultima Cena, dove una persona si sacrifica per salvare le altre.*
5. *Jin bacia la statua per collegarsi all'arte. In quel momento, abbraccia l'arte e il mondo esplode di colori.*
6. *Le lacrime di Jin rappresentano la lotta dell'artista.*

L'omaggio alle vite perdute in *Spring Day*

Demian non è l'unico riferimento letterario evocato dai ragazzi. Il messaggio e l'idea che stanno alla base del videoclip di *Spring Day* si basano sul racconto breve *Quelli che si allontanano da Omelas* di Ursula K. Le Guin, fantasy che ricevette un premio Hugo. Omelas è un luogo immaginario, una terra utopica di eterna primavera, uguaglianza, libertà e innocenza... almeno in teoria; man mano che la storia prosegue, appare evidente che in realtà è decisamente il contrario. *Spring Day* attinge a quella sensazione di solitudine e di ricerca della felicità, mostrando i BTS che attraversano una serie di tetri paesaggi in questa utopia immaginaria. Il video è un omaggio alle vite perdute nel disastro del *Sewol*: un traghetto affondò causando la morte di 304 persone, in gran parte adolescenti che si trovavano in gita scolastica.

Il videoclip comincia con Jungkook completamente solo su una piattaforma ferroviaria in inverno. Le immagini sono zeppe di simboli, dal graffito sul muro che recita *You'll never walk alone* (*Non sarai mai solo lungo il tuo cammino*) mentre Jungkook è solo, insieme alle borse abbandonate da amici invisibili, all'insegna sfarfallante *No Vacancy* (*Al completo*), al nastro giallo sulla giostra, in memoria delle vittime del naufragio del *Sewol*. Dopo una serie di esperienze vuote, che non li rendono felici, i ragazzi decidono di lasciare Omelas tutti insieme e cercano la vera felicità nel mondo esterno. Il video termina con i ragazzi che accolgono la primavera con convinzione, luce e gioia.

UNA COLLABORAZIONE PER UN NATALE PERFETTO

Le star della Big Hit hanno fatto uscire un nuovo singolo natalizio, il classico Santa Claus is Coming to Town, realizzato con Jo Kwon dei 2AM, Lim Jeong Hee, Joo Hee degli 8eight, nonché RM dei BTS che rappa scherzoso e Jungkook che canta da solo pieno di sentimento.

OLTRE LE CANZONI

Love Myself (un'iniziativa dell'UNICEF)
1° novembre 2017

I BTS e la Big Hit Entertainment hanno unito le forze con l'UNICEF per organizzare la campagna Love Myself, parte di una più ampia campagna globale chiamata #ENDviolence. L'obiettivo è assicurare che i bambini e gli adolescenti di tutto il mondo possano vivere una vita sana e protetta, senza temere violenze.

Per dare il loro contributo all'iniziativa, i BTS hanno donato i proventi delle vendite del disco e del merchandising e hanno incoraggiato i fan e i sostenitori a partecipare e dare anche il loro contributo. Il denaro raccolto va a finanziare progetti per proteggere e supportare le giovani vittime di abusi sessuali e violenze, in ambiente domestico e scolastico, e fornire programmi educativi alle comunità locali.

I fan dei BTS non sono certo rimasti sorpresi da questa ondata d'amore e sostegno per i giovani bisognosi. Fin dagli esordi, è molto chiaro il messaggio che la band propugna: amare se stessi e gli altri. Con la crescita della loro fama e della loro influenza, questi giovani artisti colgono ogni opportunità possibile per comunicare a milioni di persone in tutto il mondo il loro messaggio di speranza, amore e nonviolenza, augurandosi che la passione con cui tentano di rendere il mondo un posto migliore si propaghi ai loro fan di tutto il globo.

I BTS parlano di depressione e disturbi mentali

Bang Si-hyuk, che i ragazzi chiamano *Bang PD-nim* oppure *Bang the Producer*, ha creato il gruppo con l'idea che avrebbe scritto canzoni per parlare di cose che la società ha bisogno di sentirsi dire. Senza dubbio il gruppo ha raggiunto questo obiettivo, componendo con sincerità e franchezza.

Suga e RM sono stati molto schietti nel parlare delle battaglie che combattono contro i loro demoni personali. Le loro canzoni e i loro video rispecchiano le lotte interiori, sia per dare agli artisti uno sfogo emotivo sia come maniera per rivolgersi ai fan e far loro sapere che non sono soli, e che hanno un ARMY di sostenitori disposti ad aiutarli.

Il *mixtape* di Suga pubblicato a nome Agust D parla del suo viaggio personale per diventare un *idol* lottando nel frattempo contro l'ansia e la depressione. Scrivendo queste canzoni, Suga ha pensato fosse importante far sapere ai fan che stava vivendo le loro stesse difficoltà. I suoi brani sono un invito a trovare insieme una via per superarle.

> «Tutti sono soli al mondo, tutti sono tristi e, se siamo consapevoli del fatto che tutti soffrono e si sentono soli, confido che sia possibile creare un ambiente in cui possiamo chiedere aiuto, in cui possiamo confessare che stiamo passando un periodo duro, in cui siamo liberi di dire che ci manca qualcuno.»
> — Suga, *Billboard*, 15 febbraio 2018

I BTS arringano le folle

Fin dal primo singolo, *No More Dream*, dove esortano i ragazzi a seguire i propri sogni anziché rincorrere ciecamente le aspettative della società, i BTS hanno affermato con grande chiarezza che i giovani vanno aiutati a essere liberi e pensare con la propria testa. La canzone *Am I Wrong* è politicamente impegnata e pone una domanda diretta: come può la gente essere così cieca di fronte alla corruzione e così insensibile di fronte ai tristi eventi che avvengono nel mondo? Preso insieme a *Spring Day*, il brano rende omaggio alle centinaia di giovani vite spezzate durante una gita scolastica, quando un traghetto si capovolse a causa di negligenze e incuria.

Al di là delle canzoni, i ragazzi del gruppo non temono di far sentire la propria voce parlando di ciò in cui credono, che si tratti di sostenere manifestanti o di dare un contributo per porre fine alle sofferenze dell'umanità.

BTS: BANGTAN STYLE

Yonhap News/YNA/Newscom

Kim Nam-joon / RM

TESTA: *I suoi accessori preferiti sono i cappellini o i berretti beanie… tranne che nelle foto pubblicitarie!*

CERVELLONE: *Il suo quoziente intellettivo è 148*

OCCHI: *Si sforza tantissimo di non piangere sul palco*

UNA MANO: *È sempre impegnato a scrivere testi di canzoni*

L'ALTRA MANO: *Non esce mai di casa senza il suo iPhone*

CORPO: *Adora lo stile Harajuku e il designer Yohji Yamamoto*

GAMBE: *Classici Levi's a gamba larga stile anni Novanta*

PIEDI: *Ballerino prodigio? Decisamente no!*

«Quando non indosso un cappellino o un berretto mi sembra che il mio look sia incompleto. Ho bisogno di mettere qualcosa sulla testa.»

Yonhap News/YNA/Newscom

Kim Seok-jin / Jin

OCCHI: *Indossa occhiali da vista spessi o lenti a contatto*

TESTA: *«Bello mondiale»*

ORECCHIE: *Quand'è imbarazzato gli diventano rosse*

SPALLE: *Larghe*

UNA MANO: *Adora giocare a Super Mario*

L'ALTRA MANO: *È il cuoco migliore di tutti i BTS*

PIEDI: *È un appassionato di snowboard*

Jin si è guadagnato il soprannome di ragazzo della portiera quando è stato filmato mentre scendeva da un'automobile in tutto il suo splendore. Su Internet la gente è impazzita per identificare quel giovane misterioso.

Yonhap News/YNA/Newscom

Min Yoon-gi / Suga

CORPO: *Indossa sempre gioielli*

TESTA: *Ama i luoghi tranquilli*

CORPO: *Dorme sempre e ovunque*

UNA MANO: *Gli piace leggere fumetti e i cataloghi Ikea*

L'ALTRA MANO: *Gioca a basket*

PIEDI: *Colleziona scarpe di Michael Jordan*

Nonostante sia un musicista eccezionale e un idol, quando non è sul palco Suga preferisce i posti tranquilli a quelli molto affollati.

Yonhap News/YNA/Newscom

Jung Ho-seok / J-Hope

TESTA: *È bravo a risolvere i problemi*

BOCCA: *Adora mangiare*

GUANCE: *Quando si vanta, arrossisce*

CORPO: *Non gli piace fare esercizio o allenarsi*

GAMBE: *I pantaloni e i jeans che preferisce hanno il taglio clean cut; non ama quelli sformati*

MANI: *Gli piace tenersi in contatto con l'ARMY dei BTS nel fancafe*

I compagni di gruppo paragonano J-Hope a Doraemon, gatto robot di un manga giapponese che sa trovare la soluzione per qualsiasi problema.

Yonhap News/YNA/Newscom

Park Ji-min / Jimin

PUNTA DELLA TESTA: *È il più basso dei BTS*

TESTA: *Gli piacciono le bandane e i cappellini con la visiera*

OCCHI: *Quando fa le prove mette l'eyeliner*

VOLTO: *Non gli piacciono le sue guance paffute*

ADDOMINALI: *È orgoglioso dei suoi addominali duri come la roccia*

PIEDI: *Balla sempre e ovunque*

Jimin è tanto umile quanto talentuoso: si complimenta con gli altri, ma tende a minimizzare i propri successi.

musicchoice.com
Music Choice
musicchoice.com
Music Choice

Yonhap News/YNA/Newscom

Kim Tae-hyung / V

VOLTO: *Soprannominato* Blank Tae *per il suo sguardo perso nel vuoto*

OCCHI: *Ha occhio per la fotografia*

CAPELLI: *Per sbaglio si è tagliato i capelli durante le riprese del* videoclip di Danger

UNA MANO: *Si mangia le unghie*

L'ALTRA MANO: *Sa arrampicarsi sugli alberi (ma poi non riesce a scendere)*

PIEDI: *Non ama indossare le scarpe*

V ha paura dei fantasmi.

Yonhap News/YNA/Newscom

Jeon Jeong-guk / Jungkook

VOLTO: *Di solito non esprime i propri sentimenti*

BOCCA: *Detesta i cibi insipidi*

CORPO: *È il più atletico*

UNA MANO: *È il più artistico*

L'ALTRA MANO: *È il più competitivo tra i membri dei BTS*

PIEDI: *Ama le scarpe, specialmente i suoi scarponcini Timberland*

Jungkook tira sempre su con il naso perché soffre spesso di allergia.

LOVERS

GLOSSARIO K-POP

4D: termine slang coreano per indicare una persona dotata di un carattere unico e strambo. È più un complimento che un insulto. Si può anche usare per definire qualcuno che ha una forte personalità e la tendenza a pensare fuori dagli schemi ed essere creativo (spesso in maniera bizzarra). A detta dei fan, V ha un carattere 4D.

ADDOMINALI DI CIOCCOLATO: Addominali così ben scolpiti che le loro linee ricordano i quadretti di una tavoletta di cioccolato.

AEGYO: Un'espressione di tenerezza come fare l'occhiolino, formare un cuore con le mani o soffiare un bacio. I membri dei BTS dimostrano sempre il loro affetto per i fan con i loro adorabili aegyo, che hanno dato origine a numerosissimi meme e gif.

ALL-KILL: Arrivare al primo posto in tutte le otto classifiche musicali coreane: Melon, Mnet, Bugs, Olleh, Soribada, Genie, Naver e Monkey3.

APPRENDISTI: Prima del loro grande debutto, le star del K-pop devono sottoporsi per mesi a una rigorosa preparazione a base di dieta ferrea, costante esercizio fisico e lunghe ore di lavoro. Al termine dell'apprendistato, sono pronte per diventare idols.

BAGEL: Qualcuno che ha i lineamenti da bambino e un corpo sexy e affascinante, come Park Ji-min!

BEAGLE: Un idol chiassoso, vivace, che non riesce a starsene fermo nemmeno per un secondo. I beagles sono sempre rumorosi e impegnati a scherzare e a combinare guai. Quando diventano troppo fastidiosi, possono diventare in fretta dei kkab.

BIAS: La celebrità che preferite in assoluto, quella che sostenete a ogni costo. Non tutti i fan dei BTS hanno un bias... la maggior parte di loro fa fatica a sceglierne uno solo.

COMEBACK: Il ritorno sulle scene dopo la pubblicazione di un nuovo album, singolo o title-track.

DAEBAK: Grande successo, hit.

DONGSAENG: Un amico più giovane di voi. È come chiamare qualcuno amichetto, piccolino.

FAN CHANT: Un coro creato sulla melodia di una particolare canzone. A volte vanno intonati in risposta a specifiche parole del brano, come in DNA. Altre volte i fan cantano i nomi dei membri della band: Kim Nam-joon! Kim Seok-jin! Min Yoon-gi! Jung Ho-seok! Park Ji-min! Kim Tae-hyung! Jeon Jeong-guk! BTS!

HALLYU: Onda coreana. Il fandom di tutto ciò che riguarda la Corea, compresi il cibo, la tv, la lingua e, naturalmente, il K-pop.

HYUNG: Fratello maggiore. (Tutti i membri dei BTS sono hyung per Jungkook, che è il maknae del gruppo.) Se siete ragazze, quelle più grandi di voi le potete chiamare unni, mentre i ragazzi più grandi per voi sono oppa. Se siete maschi, i ragazzi più grandi sono hyung mentre le ragazze sono noona. Unni e noona si possono tradurre come sorella maggiore. Oppa e hyung significano fratello maggiore.

KKAB: Un beagle le cui adorabili buffonerie finiscono col diventare eccessive e fastidiose.

JJANG: Il meglio! Se qualcosa vi piace davvero, alzate i pollici e dite: «Jjang!».

MAKNAE: Il più giovane di un gruppo (nei BTS il maknae è Jungkook.)

MANHWA: La parola coreana che indica i fumetti occidentali, i manga, i cartoni animati e i webtoons. Hip Hop Monster (o Hipmon) e We On sono i webtoons ufficiali dei BTS.

MUKBANG: Un video in cui un idol coreano mangia cibo in quantità mentre parla al pubblico. Eat Jin,

disponibile su YouTube, è una serie di mukbang *molto popolare.*

OPPA: *Vuol dire* fratello maggiore*, ma di solito le ragazze usano questo termine quando parlano con il ragazzo per cui hanno una cotta, o quando parlano di lui.*

OTP: *Acronimo di* one true pairing*, l'unica vera coppia: è una parte importante della cultura K-pop, come lo* shipping *in generale. I fan adorano fantasticare mettendo insieme due dei loro* idols*, a prescindere dal loro sesso. Il fandom dei BTS è zeppo di ship sui membri del gruppo, tra loro o con altre star del K-pop. Spesso le ship prendono nome da quelli dei loro protagonisti uniti insieme: per esempio,* shippare *Jungkook e Suga darebbe il nome SugaKookie!*

SASAENG: *Fan ossessionati che per avvicinarsi ai loro* idols *compiono pazzie. Per quanto possiate amare i BTS, non fate i sasaeng... piuttosto unitevi all'ARMY!*

SATOORI: *Dialetto o accento. La lingua coreana ha due principali* satoori*: il Daegu e il Busan. A volte Jimin prova un po' di imbarazzo per il suo* satoori *Busan, mentre V è orgoglioso del suo Daegu. Per gli abitanti di Seoul, gli accenti di campagna sono davvero irresistibili!*

SELCA: *Combinazione delle parole* self *e* camera*, è l'equivalente coreano di* selfie*. I Bangtan Boys sono dei maestri del* selca *e postano sempre online le loro pagliacciate per i fan... e a volte anche con i fan.*

SOOMPI AWARDS: *Riconoscimenti assegnati dai fan al meglio del meglio della tv e della musica coreane. I vincitori vengono decisi in base al voto online e ai punteggi della Soompi Music Chart e rispecchiano la popolarità internazionale di un artista o di una band.*

SSANTI: *Un buffo balletto che gli* idols *eseguono per i loro fan. Tutti i membri dei BTS hanno mosse da urlo, ma quando fanno gli scemi dietro le quinte sculettano in stile* ssanti.

TSUNDERE: *La parola mescola il termine giapponese* tsun*, che indica qualcuno senza peli sulla lingua, con la parola* dere*, cioè una persona affettuosa. Il termine descrive qualcuno che all'inizio si comporta con freddezza ma poco alla volta diventa più affettuoso con gli altri. Secondo alcuni fan, Suga è un perfetto esempio di* tsundere.

VISUAL: *Il membro più bello di un gruppo. Non coincide sempre con il* volto della band*, che spesso è il membro più popolare. Nei BTS il ruolo di* visual *è rivestito da Jin, che si autodescrive «bello mondiale».*

I fan si domandano:

I Bangtan Boys saranno ancora Bangtan Boys fra vent'anni?

«Certo. Fino a quel momento è difficile dirlo, ma potremmo magari cambiare nomi. Ci ho riflettuto parecchio. *Bangtan di mezza età*, *Bangtan Men* e così via. Quello che conta, in realtà, non è il nome. La cosa più importante è il desiderio di essere ancora solidi e uniti da qui a vent'anni.»

— RM in un'intervista di gruppo per *AJ x The Star*

I BTS E L'*ALTRO* ESERCITO

La legge sudcoreana impone a tutti i cittadini maschi tra i diciotto e i trentacinque anni di svolgere il servizio militare per ventun mesi. Un tempo i manager e le case discografiche avevano la possibilità di far posticipare la chiamata di leva, così da scegliere il momento più adatto ai membri delle band che rappresentavano, ma in base a una nuova legge gli *idols* non possono più ricevere un trattamento di favore e devono rispondere subito alla chiamata. Chi segue la Hallyu (l'ondata della cultura pop coreana) lo sa bene, perché spesso le star del cinema e della tv sono costrette a lasciare le scene per qualche tempo. Le compagnie di produzione spesso promuovono il ritorno dei *bias* più celebri con grandi cerimonie.

Quando arriverà la chiamata per i Bangtan Sonyeondan? E quale effetto avrà sulla loro musica, sui loro fan, sulle loro performance? Solo il tempo potrà dircelo.

CARA J. STEVENS Autrice di biografie musicali e di numerosi libri per ragazzi tra cui guide a Pokémon Go, Terraria, Minecraft e diverse graphic novel, vive a Los Angeles con il marito, due figli e un cane morbido e chiassoso di nome Oliver.
La trovi online su Twitter e Facebook @ATFMCara